# Dynamics of the Contemporary University
## Growth, Accretion, and Conflict

高等教育理念与组织变革译丛　周光礼 ◎ 主编

# 当代大学的动态演变
## 增长、增累与冲突

（美）尼尔·J.斯梅尔瑟 ◎ 著

胡志清　刘琏玮　杨梦青 ◎ 译

华中科技大学出版社
http://www.hustp.com
中国·武汉

© 2013 The Regents of the University of California
Published by arrangment with University of California Press

湖北省版权局著作权合同登记 图字：17-2022-064 号

**图书在版编目（CIP）数据**

当代大学的动态演变：增长、增累与冲突/（美）尼尔·J. 斯梅尔瑟著；胡志清，刘琏玮，杨梦青译. —武汉：华中科技大学出版社，2022.6（2024.7重印）
（高等教育理念与组织变革译丛）
ISBN 978-7-5680-7824-5

Ⅰ.① 当… Ⅱ.① 尼… ② 胡… ③ 刘… ④ 杨… Ⅲ.① 高等教育-研究-美国 Ⅳ.① G649.712

中国版本图书馆 CIP 数据核字（2022）第 052606 号

---

**当代大学的动态演变：增长、增累与冲突** （美）尼尔·J. 斯梅尔瑟　著
Dangdai Daxue de Dongtai Yanbian:
Zengzhang Zenglei yu Chongtu 胡志清　刘琏玮　杨梦青　译

---

| | |
|---|---|
| 策划编辑：张馨芳 | |
| 责任编辑：林珍珍 | |
| 封面设计：刘　婷　赵慧萍 | |
| 责任校对：阮　敏 | |
| 责任监印：周治超 | |
| 出版发行：华中科技大学出版社（中国·武汉） | 电话：(027) 81321913 |
| 　　　　　武汉市东湖新技术开发区华工科技园 | 邮编：430223 |
| 录　　排：华中科技大学出版社美编室 | |
| 印　　刷：湖北金港彩印有限公司 | |
| 开　　本：710mm×1000mm　1/16 | |
| 印　　张：10.5　插页：2 | |
| 字　　数：150 千字 | |
| 版　　次：2024 年 7 月第 1 版第 2 次印刷 | |
| 定　　价：58.00 元 | |

本书若有印装质量问题，请向出版社营销中心调换
全国免费服务热线：400-6679-118　竭诚为您服务
版权所有　侵权必究

# 译丛总序

高等教育学是第二次世界大战后在西方兴起的一个综合性和应用性很强的研究领域。尽管最早的高等教育学专著要追溯到19世纪英国人纽曼的《大学的理念》，但其知识基础和制度基础是高等教育大众化、普及化的产物。大众化、普及化催生了高等教育研究的强烈需求，一批高质量的研究成果相继问世，知识的系统化发展取得重大进展。与此同时，高等教育研究也获得了稳固的制度化支持，专门的高等教育研究机构、专业性的学术期刊社和专业性学会等纷纷成立。应该说，高等教育学因对高等教育改革的巨大推动作用而受到各国政府和学界的共同关注，成为当代国外人文社会科学的一个重要而又充满活力的新研究领域，成为一个跨越人文科学、社会科学和自然科学的交叉性的学术方向。

20世纪80年代初，随着高等教育领域的"拨乱反正"，为了加强对院校自身发展的研究，中国大学普遍设立高等教育研究所或高等教育研究室。作为一种"校本研究"，高等教育研究朝着行政化方向发展，大部分高等教育研究机构成为秘书性的服务机构和咨询机构。当然，也有部分大学的高等教育研究室有意识地朝学术性方向发展，开始了知识传统的积淀。21世纪以来，随着中国高等教育大众化、普及化，高等教育研究受到普遍关注，大批高等教育学术成果涌现出来。然而，总体来看，中国高等教育学的研究与教学起步晚、水平不高，仍有不少问题需要解决，有不少薄弱环节亟待加强。其中，一个突出问题是知识基础的建设滞后于制度基础的建设。如果说，西方高等教育学的演化过程是先有知识传统的积淀，而后进行学科设施的建设，那么，中国正好相反，我们是先进行学科设施建设，而后进行知识传统的培育。从1978年开始，厦门大学、北京大学、华中工学院（今华中科技大学）、清华大学、中国人民大学等重点大学纷纷成立了专门的高等教育研究机构。据不完全统计，中国现有400多个附属于大学的高等教育研究所（院、中心）。从1980年开始，《高等教育研究》《高等工程教育研究》《中国高教研究》等一大批涉及高等教育研究的专业学术期刊创刊。时至今日，中国拥有上百种高等教育方面的专业学术期刊，其中核心期刊有20种之多，这些重要期刊每年刊发学术论文3000余篇。1983年，中国高等教育学会成立。1983年，高等教育学作为教育学的二级学科进入国家学科目录，开始培养高等教育学硕士研究生和博士研究生。然而，这些学科设施的建设仍然掩盖不了知识基础的薄弱。为了强化知识基础建设，学界热衷于对西方高等教育学名著的引进、消化和吸收，但我们在这方面的工作仍然做得不够。虽然我们翻译出版了一些高等教育理论方面的名著，但高等教育理念与组织变革方面的译著并不多。目前，国内学界仍缺乏对西方高等教育理念与组织变革的系统了解以及对其最新趋势的跟踪研究，批判、消化和吸收工作也就难以深入开展。因此，当务之急是紧密跟踪国外高等教育理念和组织变革发展的最新趋势，大胆借鉴其新理论和新方法的成果。

中国的高等教育强国建设，尤其是"双一流"建设，对高等教育研究提出了更高的要求。正如习近平总书记所言，我们对高等教育的需要比以往任何时候都更加迫切，对科学知识和卓越人才的渴求比以往任何时候都更加强烈。我们要迅速改变高等教育学研究和教学比较落后的局面，解决目前高等教育学发展中存在的诸多问题，克服各种困难，迅速提高中国高等教育学的研究和教学水平，以适应快速变化的高等教育改革与发展的需要，迎接新时代的挑战。

高等教育学的研究对象是高等教育与社会发展之间的关系。它以行动取向体现理论与实践的统一，其目的和功能是提供高等教育改革的依据，服务于"基于证据的改革"实践。一个国家的高等教育是与一个国家的文化模式相适应的。高等教育研究以各国具体的高等教育实践为基础，它要反映各国高等教育体制与结构、组织与管理，因而各国的高等教育学都具有自己的特色，这是知识的特殊性。但同时必须认识到，西方高等教育的许多理论、范畴和方法反映了高等教育的本质，属于全人类共同文明成果，可以为我所用，这是知识的普遍性。高等教育学要建立中国自主的知识体系，既要立足中国实践，扎根中国大地，又要大胆借鉴西方高等教育的理论与方法，充分吸收其优秀成果。正是基于这种考虑，我们组织翻译了这套"高等教育理念与组织变革译丛"，以系统全面地反映西方高等教育理论发展的现状和成就，为中国高等教育学科的教学和科研提供参考资料和理论借鉴。

"高等教育理念与组织变革译丛"精选西方高等教育研究领域富有影响力的专著，代表了当代西方高等教育研究的最新学科框架和知识体系。所选的专著有如下三个突出特点。一是学术水平高。作者基本上都是该领域的名家，这些专著是其主要代表作，系统展现了作者多年的研究心得。例如，《当代大学的动态演变：增长、增累与冲突》《寻找乌托邦：大学及其历史》《美国研究型大学的发展（二战至互联网时期）：政府、私营部门和新兴的网络虚拟大学》《研究型大学的使命：高等教育与社会》是加州大学伯克利分校高等教育研究中心举办的"克拉克·克尔高等教育系列讲座"的名家成果。二是实践性和应用性强。这些著作面向问题、面向实践、面向社会，探讨高等教育实践中出现的新问题。作者用大量实践经验和典型案例来阐述相关理论问题，所提出的理论和方法针对性较强，具有现实参考价值。例如，《大学变革之路：理解、引领和实施变革》具有强烈的问题意识和应用导向。三是涉及领域广。这些专著涉及高等教育研究的四个主要领域，即体制与结构、组织与管理、知识与课程、教学与研究，能够满足不同类型读者的需求。例如，《卓越性评估：高等教育评估的理念与实践》和《完成大学学业：反思高校行动》涉及本科教学，对中国一流本科建设具有一定的启发意义。

"高等教育理念与组织变革译丛"具有权威性、学术性、实践性的特点。该译丛展示了当代西方高等教育研究的新视野和新途径，它的出版将填补国内高等教育研究领域的某些空白点，为读者尤其是高等教育学、教育经济与管理等各专业的师生及研究人员提供高等教育研究的崭新知识体系，为中国高等教育领域的知识创新提供参照与借鉴；它所提供的新理论、新方法以及新的概念框架和思维方式，对中国高等教育决策者和管理者更新观念、开阔视野和增强理论素养具有重要的现实意义。我相信，"高等教育理念与组织变革译丛"的问世，将有力地推动中国高等教育研究的知识基础建设，并对中国高等教育持续改进产生巨大的促进作用。

（中国人民大学教育学院教授、博士生导师，教育部"长江学者"特聘教授）

**2022 年 6 月于北京**

# 目录

第一章　美国大学的动态演变 / 001

第二章　动态演变的后果：大学学术政治、冲突及不平等 / 047

第三章　当代趋势：诊断和条件预测 / 091

**主要参考文献** / 132

**致谢** / 158

**译后记** / 159

# 第一章 美国大学的动态演变

此时此地，按照惯例，我要向克拉克·克尔（Clark Kerr）致敬，这一系列讲座是以他的名字命名的。同时，我对被选来做这个系列讲座也深感荣幸。我这么做不是出于礼貌，而是发自内心。克拉克·克尔过去和现在都在我的职业生涯中扮演着十分重要的角色，因此，我得做一点补充说明。

我是在1958年遇到克拉克·克尔的，那大约是在我作为新助理教授来到伯克利分校的两周后。他作为加州大学的新校长，格伦·西博格（Glenn Seaborg）作为伯克利分校的新校长，他们一起邀请新入职的教师参加一个欢迎会。我们当时只是握了个手，对他来说，我只是人群中的一张普通面孔，但几年前我就知道他在加州大学效忠宣誓危机中的举动。我没想到在之后的十年里他带领加州大学实现其宏伟的总体规划，阐明他关于多元化巨型大学（multiversity）这一具有历史意义的概念，驾驭20世纪60年代的多重危机，确立他传奇校长的地位，并成为20世纪高等教育的主要代言人。

在接下来的十年里，因我本人逐渐参与到校园事务之中，克尔开始注意到了我，他邀请我加入卡内基高等教育委员会技术咨询委员会（Technical Advisory Committee of the Carnegie Commission on Higher Education）。我同马丁·特罗（Martin Trow）、谢尔顿·罗斯布莱特（Sheldon Rothblatt）、巴德·凯特（Bud Cheit）以及弗雷德·鲍尔德斯顿（Fred Balderston）组建了一个小组，我称之为"克拉克的小伙伴们"。那些年我和克拉克的关系得到了加强，他在诸多问题上征求我的意见，最后还在撰写回忆录上寻求了我的帮助。他和我常在男教工俱乐部的克拉克·克尔工作室见面，就坐在克拉克·克尔的画像下面。我总是点菜单上的克拉克·克尔特餐，即使遇到我不喜欢的菜。当克拉克·克尔从众多更知名的候选人中邀请我撰写《金色和蓝色》（The Gold and the Blue）（Kerr, 2001; Kerr, 2003）这本书的序言时，我感到莫大的荣幸。我对这个过于私人化的介绍表示歉意，但我认为在这一场合追溯回忆、表露真情十分重要。

# 一、说明

现在我要就接下来将如何展开讨论另做一番说明。在查阅最近有关美国高等教育的文献、阅读报刊以及与同事和朋友的交谈中，我有了一种紧迫感和危机感。公众和政治家们正在"砸我们的饭碗"；随着学术劳动力的无产阶级化，终身教职制正在消亡；大学的理念正在受到市场和企业化力量的侵蚀；那些质量有问题的在线、营利性院校的惊人增长给我们带来了威胁。

我知道你们也在思考这些问题，而且我感到急需对这些重大问题发表我的看法。鉴于问题的紧迫性，如果不这样做，我会于心有愧。我肯定会发表评论，但不会匆忙行事、信口开河，也不会用当下时兴的语言。如果我这样做，我相信对那些喋喋不休的争论毫无用处。因而我选择了另一种方式，试图阐明关于美国高等教育（特别是综合性大学）性质的一些首要原则，尤其是关于其变化性和稳定性。因此，在第一章中，我将通过历史上和当代的例子，提出一些关于高等教育变化的原则，在第二章中，我将追溯这些原则带来的无穷影响，在第三章中，我将运用前面的分析，对美国高等教育当代的主要问题进行诊断和条件预测，因为这些当代的问题和高等教育的结构演变环环相扣。

最后要说明一点，在我的学术生涯中，我一直是一个社会科学家，或者更确切地说，我是一个具有强烈跨学科意识的社会学家，这点难以改变。一直以来，我深度参与大学的系、行政和学术评议会的事务。这种丰富多样的经历往往会使人看待事物时能兼收并蓄、审时度势。但在这里，我将主要采用社会学家的研究方法，特别是将以社会系统的概念为指导。随着人们对社会理论兴趣的普遍衰退，在过去几十年中，强调以社会系统的概念为指导的思想在社会科学中受到了削弱，但这一思想对高等教育研究具有显著的意义。我曾认为（Smelser，2001：xx-xxi）克拉克·克尔在担任伯克利分校的校长和加州大学的校长时，他的一些非凡成就可归功于他对大学"系统性"的理解，这一"系统性"即是大学各部分之间错综复杂的关系及其与环境的关系。

我所说的"系统"是指由各个相互区别但又相互联系的部分组成的实体，其中一部分的变化会影响其他部分及整个实体。基于一个校区的学院或大学有系、学院、管理层和后勤系统，更不用说还有众多内部部门，它们肯定是一个系统。多校区体系的学院或大学也是如此，尽管这也许是从更宽泛意义上来说的。整个高等教育亦是如此，也有不同层次、不同类型的院校。开放系统这一概念重视其外部力量。系统这一概念也为我们分析不相关联变化的影响及其后果提供了工具。而且，系统的视角让我们得以对过去和当前形势中许多模糊不清的、捉摸不定的内容产生新的见解。此外，我将广泛运用文化（包括亚文化）、社会结构、群体和群体冲突等概念，这些都是社会学研究的常规概念。最后，要理解高等教育及其动态演变，必须有选择地从经济学、历史学、政治学、人类学和心理学中引入研究工具和观点视角。

我还可以举出对高等教育进行系统思考的一个好处。我们对高等教育的特点、历史、性质和问题了解甚多，也讨论甚多，因此我们的想法有过于庞杂之忧。我们学者是杰出的观察者、言论家、作家和忧虑者，文字运用和洞察是我们的拿手好戏。这让我想起发生在委员会会议上的一件轶事。在会上，主席自信地说他认为该小组已经给一个问题画上了句号，但该委员会一位成员反对说，"可是我们还没有讨论完这个问题的所有方面"。我并非声言也要面面俱到，而是仅仅希望借助于系统的概念，在已知或已断定的事物之间建立一些新的联系。例如，为什么美国高等教育机构既被认为具有惊人增长和稳固制度化的历史，同时又被认为处于危机之中或注定要失败（Birnbaum & Shushok，2001）？为什么美国的大学在国外备受追捧和效仿，在国内却饱受抨击？为什么美国综合性大学和类似院校在愿景和理念上如此美好和谐，而在现实中却充满了内部矛盾和群体冲突？在以下章节中，我希望对这些问题和其他相关方面的问题加以说明。

## 二、何为高等教育？

我不从高等教育的正式定义开始，而是先列出其作为一种社会机构的最显著特征，这些特征对于下面章节中的分析至关重要。

### （一）功能

高等教育的描述者、辩护者、倡导者、评论家和历史学家经常列出其中的许多功能，几乎都是正面的。相关文献中对以下功能有不同看法，但存在一些共识：

- 保存、创造、推广及传播知识给年轻一代，他们将成为未来社会的专业、政治和商业领袖。
- 向那些未来的领导者传授一系列专业知识。
- 为推动经济增长和繁荣以及社区发展提供有用的知识，更直接地服务于社会（Trani & Holsworth，2010）。
- 促进个人成就、社会流动、机会平等和社会公正。
- 提高公民的文化水平、知识、理性、容忍度和公平意识，并让公民以负责任的态度参与其中，进一步服务于民主，这已成为人文教育和通识教育的主要支持论点。

- 在年轻人中培养我们文明中的普遍文化价值观，并以负责任的态度对其持续不断地进行批判、加以锤炼，以保存、发展及增强这些价值观。
- 在国家的重大斗争中可在不同层面上提供帮助，例如战争、国际政治竞争以及全球化带来的激烈经济竞争（Duderstadt，2000）。

### (二)"功能"的现存问题

以上所列的功能十分合理，然而，我逐渐觉得这种表述在某些方面存在问题。以下是我的存疑之处：

- 这些被视作"功能"的活动，其确切的属性尚不清楚。可以将其视作对高等教育机构所取得成就的描述，可以将其视作想竭力实现却只是部分实现的理想或目标，也可以将其视作高等教育机构文化合法性的依据。高等教育机构和所有机构一样，需要这种合法性来确保其在社会中的地位和连续性并获得支持。最后，更具讽刺意味的是，也可将其视为一种宣传形式——对声望和地位的诉求、寻求支持的伎俩或高等教育机构遭受攻击时发言人进行的理智化的辩护。当然，它们都是上述"功能"活动的属性，但是这些多重含义会使其所声称的功能的情形和意义模棱两可，甚至产生冲突。
- 只要我们认为这些功能描述的是高等教育机构的行为，它们就具有因果关系——也就是说，人们通常在心里会认定某些特定活动（如教学、研究、政府咨询）具有预期的（通常是积极的）效果。确切或科学地确立这些论断即使并非不可能，也是十分困难的。从对学校教育结果、教育影响以及知识与政策之间一般关系的评价研究中，我们所了解的一切都表明有多个变量在起作用。即使我们已努力通过精心设计的准实验性研究来控制干扰变量的影响，在干预与结果之间建立可靠的关系仍然极其困难（Rossi & Freeman，1992）。

- 因此，不可避免地导致一种普遍的看法——高等教育机构的活动正在充分或全面地履行其职能。此外，这种普遍看法通常不会自动产生，因而相比在其他方面（如卫生、国防和农业充足保障），这种看法更不容易站住脚，因为在其他方面目标至关重要且高度一致。

由于在描述这些抽象功能时存在上述困难，我将更为具体、更多地从历史的视角来看待高等教育的功能，即把这些功能视作高等教育机构与外部机构（如州、联邦政府、慈善家和捐助者、利益相关的工商团体，以及真实或想象中的"公众"）之间的一系列"契约"。例如，塞林（Thelin）认为："联邦政府对高等教育的资助表现出一个显著的特征——它通常是美国政府实现更大国家目标的一个便利手段。"（2004b：37）各州对其高等教育入学率与经济增长率之间的关系颇感兴趣（Zumeta，2004），尽管二者之间的因果关系可能存在不确定性。实际上，高等教育机构与外部机构之间的关系更为复杂，是一种相互的机会主义。外部人士或机构觉察到一个机会，认为高等教育是其追求一个或多个目的的宝贵资产；高等教育机构则适时地抓住机会，接受他们的提议。或者，如果高等教育机构更积极主动的话，它们还会创造并寻求某些新的功能，以此提高其竞争地位和生存能力。

从这些关系中产生的"契约"通常不是法律意义上的、为特定目的提供产品或服务的严谨的合同。州政府希望州立学院和大学主要为本州公民服务，而这些院校一般都会遵从。院校将慈善捐赠用于特定目的，但它们拒绝接受捐赠者的监管条件，不提供特定的服务，也不保证特定的"成果"。人们对学术自由暗含期望，认为大学教师不会以权谋私或者行为不端。相应地，这些"契约"体现了大多数人普遍的期望、不言而喻的假设以及信任。

那么，在讨论伊始，我们可以说，即便是在最基础的高等教育机构，无论是其功能还是其与外部机构的关系，都表现出明显的不同程度的模糊性和非特异性，并认为这种关系理所当然。在我看来，这些对高校来说是巨大的制度优势，对其自由、自治和自我调节至关重要。然而，这些模糊的特质更可能引起误解、失望、冲突以及对未履行承诺的事后指责，同时带来相互责备和对这些责备的辩解。我上面所指出的功能，即社会对高等教育的要求，并非一定会产生这样的后果，但会使高等教育体系有产生这些后果的倾向。

## （三）道德嵌入

我要谈到的高等教育的最后一个基本特征是道德嵌入，它涉及高等教育与社会之间的功能联系。通常意义上的教育，尤其是高等教育，不可避免地涉及道德问题。这基于两种情况：第一，所有的教育都直接涉及社会基本价值观的制度化、再生产以及将其传递给子孙后代的过程，这始终是一个道德问题。第二，美国高等教育的历史遗产体现出浓厚的道德色彩。从中世纪初开始，教育活动就与宗教道德密不可分，这后来转变为大学是一个神圣地方的观念，对其成员来说，参与大学事务代表着更高的宗教使命。尽管现在美国大多数大学已经"去教会化"（Tuchman，2009），而且已经是完全世俗化的机构，但神圣的、教会等级制度和宗教使命的各种表现形式依然可见（Brubacher，1978）。布林特（Brint）最近观察到，"在美国，教育已经最大程度世俗化了"（2011：2）。如今宗教道德披上了现代的外衣，表现为教育工作具有最高的价值（例如，"大学保存和诠释了人类智慧所创造和书写的精华"（Hearn，2006：160））；教育工作需要爱心；教育工作者应该表现出一定的禁欲主义、反物质主义的态度（这进一步表现为教育工作者不应期望或过度追求世俗的回报）。大学工作者以不同形式、不同程度地怀有这些理想，而大学之外的人把这些当作对大学的期望。高等教育在历史上的三个基本作用——教学、探求知识、服务社会——都被赋予它们是公众所推崇的使命这一内涵。高等教育对地位、公众支持和合法性的部分（但仅仅是部分）主张既代表自身的诉求，也被外界视为一种更高级别的活动，不再完全具有神职工作的特性，而是具有神职工作的某些性质和作用。

如果高等教育机构认可并主张实现崇高的道德目标，由此可以得出以下三个推论。

第一，无论是在大学还是在更广泛的公众中，对道德（和专业知识）的要求会产生特殊的、高度的期望。如果某一类活动被认为是特殊的、高层次的，那么人们期待从事这类活动的人也应该达到这些标准。这一直是神职和准神职阶层一个不变的特点——他们承受着不负众望的压力。

第二，基于这种要求，大学教师阶层往往被赋予了很高的地位，而且他们毫不犹豫地接受和要求这种地位，也毫不犹豫地将他人置于次要地位。鲍尔德斯顿（Balderston）认为"行政人员，包括那些专业人员和高级管理人员，并不能直接享受这种（大学教师）地位体系的好处，而且，更糟糕的是，他们有时还是大学教师势利和蔑视官僚主义的受害者"（1974：80）。杜德斯达（Duderstadt）本人长期担任一所顶尖大学的校长,他直截了当地评论说,"(大学教师的)傲慢漫无止境"(2000:123)。

第三,这些在道德担当、高期望和高地位方面的要求和主张会带来一个不可避免的问题——如果偏离了标准就不仅仅是简单的偏离。这种偏离带有跌下神坛的色彩,因此理所当然会引起强烈的道德上的反响。一直以来,对大学进行反思和表述的首选模式是关乎道德和充满道德激情的。大学既体现了人们最高的期望,也体现了当这些期望似乎没有完全实现时最大的绝望、指责和道德损失。所用的语言可以洋溢着热爱、钦佩和赞美的积极情感,也可以充满失望、背叛和愤怒的消极情感,所有这一切都为反复上演的既美化又诋毁大学的剧情铺设好了舞台。

我希望这些一般性的思考将对人们围绕着大学变革进程中常见冲突的理解(参见下文71—74页)有一定的启发。但是,我不想过分强调这些观点并主张道德维度是高等教育唯一或最有影响力的部分,因为世俗元素在大学文化中随处可见,但道德维度作为一种传统和现实是不容忽视的,如果我们不把这点铭记在心,便无法理解过去和现在发生的事情。

以上我所确定的这些特性——功能、与社会的关系及道德嵌入——为我现在要谈论的美国高等教育的增长和变化的主题提供了背景。事实上,这种增长过程本身就是高等教育的一个显著特征,但要理解这一增长就必须将之与社会参与和道德嵌入这两种传统结合起来进行考虑。

## 三、增长过程中的结构变化

在过去的一个半世纪里,增长一直是美国高等教育的标志。可以肯定的是,这种增长一直在波动,例如,在19世纪后期和第二次世界大战之后的 20 年迅猛增长,而在"大萧条"和 20 世纪七八十年代则停滞不前。我们将在后面研究这种不规则现象的原因和后果,但首先我们必须厘清一些理论基础。

追踪增长的一种方法是运用不同的量化指标——支出以及学生、教师、毕业生和院校的数量,这些都显示了其增长规模。然而,社会科学家们知道,如果没有这种增长所涉及的社会结构中某些质的变化,通常不会出现快速或长期增长。以下是一些典型的结构变化过程。

### (一) 单元规模扩大

除其他变化外,人口的增长(这与生育率的提高有关)大都是通过家庭规模的扩大实现的。虽然这必然导致家庭内部动态的变化,但它不会直接产生家庭以外的结构。在高等教育中,我们也遵循相同的原则,例如,面对不断增长的需求,学校会采取政策来扩大招生规模和教师规模。规模的扩大通常会产生一些规模经济效应,但迟早会达到极限并对其他类型的结构变化产生压力。

### (二) 单元分割

单元分割也是一种相对简单的变化形式,它涉及相同或相似单元的增加。它是另一个伴随着人口变化出现的结构特征,即家庭单元倍增,但家庭结构没有显著变化。一个例子是汽车制造商决定增加零售店的数量以应对增长的需求。1950 年到 1970 年,四年制大学和社区大学的数量迅速增加,这是在高等教育领域的一个例子。近几十年来,营利性远程教育院校数量的增加也是如此。

### (三) 分化

分化是增长和效率所带来的最常见的结构变化之一。这是亚当·斯密（Adam Smith）劳动分工（专业化）理论中的原则，它会促进生产力的提高和财富的增加，亚当·斯密明确地将这一理论与增长联系在一起。整个机构也可以变得更加专业化，例如，在工业化历史中，西方家庭大都丧失了作为一个生产性经济单位的功能（这由家庭之外的雇佣劳动完成）、作为一个福利体系的功能（这由公共福利的增长完成）、作为一种工具性训练场所的功能（这由大众初级和中级教育完成）和作为一个养老的主要机构的功能（这由社会保障体系完成）（Ogburn & Nimkoff, 1955）。在这个过程中，家庭变得更加专业化，主要负责调节家庭成员之间的关系，照顾孩子并培养他们适应社会的能力。专业化也一直是教育的重要方面，它不仅导致了小学、中学和大学形式的分化，而且催生了许多不同类型、不同目标的院校，如社区大学、职业学院、四年制大学的职业学院和研究型大学。某些欧洲国家和其他地方的教育体制将高等教育分为大学和研究院。

### （四）扩展：在现有结构上添加新功能

随着业务的扩大，企业会增加新的部门或分支机构来负责新的职能（新区域市场的销售部、人事部、研发部），政府机构也是如此。高等教育中也有这样的例子，如社区大学制定多种课程体系，以适应学生转到四年制院校、取得终端职业学位以及学习"为生活做准备"的课程等不同专业培养方向（Brint & Karabel, 1989）。我们还会发现，扩展也是综合性大学所青睐的一种策略，就像打结扣一样，以一种特殊的方式一个接一个地添加功能。与扩展相对应的是功能的剥离，要么是完全剥离，要么是裁员或外包。

### （五）协调：应对规模扩大和结构变化

整体而言，上述结构变化过程会产生更大、更为复杂的结构，有着许多更为灵活的组成部分。这要归功于杜尔凯姆（Durkheim，[1893] 1997），他坚持认为社会复杂性的增加（劳动分工）必然要使我们重新进行社会整合。这一原则在组织研究、政治学和行政学以及对整个社会的研究中一次又一次被验证（Simon，2001），更不用说在分校的行政管理以及多校区体系的协调中了。协调包括对常规管理的新要求，确保复杂组织的众多人员知晓彼此在做的工作，以及预测、控制和处理不同部门和群体之间的冲突。这最后一条原则会极大地改进任何一个简单的规模经济理论，因为所有类型的规模增长都要求有新的机构、机制、知识和相应的资金来应对其规模和复杂性的增加。

我将这种结构变化的分类——单元规模扩大、单元分割、分化、扩展和协调——既视为一套分析高等教育所经历各种变化的工具，也视为理解这些高等教育机构出现各种现象的关键，否则这些现象可能令人十分困惑。这就会产生以下两点：① 结构变化方向的"选择"受到外部条件和机遇的制约；② 不同类别的社会变化有着不同的发展方向，表现为独特的反常现象和矛盾、地位等级、策略适应、竞争和冲突模式。如果不了解高等教育机构的结构状况，我们根本无法揭示这些变化带来的影响。

## 四、高等教育中的一个特殊情况：结构增累

正如上一节所阐明的，高等教育发展的历史揭示了与增长相关的所有结构变化的形式。我想花点时间谈谈一种特殊的形式，它涉及高等教育的增长、专门化和扩展，主要适用但不限于综合性大学。

在寻找描述性术语的过程中，我决定采用"结构增累"① 这一概念。这是一种复合型的增长方式，可简单定义为：随着时间的推移，大学吸纳了新的功能，但没有剥离（删除）现有功能或将其拆分为单独的组织。这是一个复杂的过程，主要体现了以下驱动力：

- 新的活动机会带来的扩张通常但并不总是与大学的主要任务相关。罗森兹威格（Rosenzweig）简要地把这种增长文化表达为"高等教育机构热衷的不是抑制增长，而是支持增长……停滞不前……有违本性，收缩是一种可鄙的行为"（1998：156）。
- 事实上，大多数增长都是一个相互机会主义的问题——外部机构认为大学是一个合适或有效投资的地方，符合自身利益和目的，而大学则主要依赖于外部机构的资助。
- 一个严格按声誉来划分等级的高等教育机构中的大学竞争和效仿力量。斯塔特曼（Stadtman）将此阐述为一项原则："各院校倾向于效仿最负盛名、规模最大以及最有保障

---

① 对这一类型变化的确切命名经历了一个过程。多年来，在思考这一现象时，我曾选用"起水疱"（blistering）这个词，表示在一个生物体周围生长而不破坏该生物体的基本有机统一（我也想过用"洋葱"（onion）原理，但我的同事加州大学伯克利分校的一位植物学家麦克·莱奇（Mac Laetsch）纠正了这一类比，使我避免了尴尬。他提醒我洋葱不是在外面一层一层地生长，而是从中间一层层地向外生长。这一提醒多少否定了用"洋葱化"（onionization）的原理）。几个月前，在伯克利校园的一次小型行政管理者和教师组织——威尔曼小组（the Wellman group）——会议上，我的几位同事反对用"起水疱"这个词，因为它带有负面含义：起水疱令人痛苦，而且是由刺激引起的，并且水疱会自行消失，这与大学的功能添加不同。我也认为我并不想要这些含义。我的同事建议用"嫁接"（grafting）（实际上这个词似乎并非指结构变化）和"官僚主义滋生"（bureaucratic creep）（也具有负面含义，而且不包括我脑海中的所有变化），甚至还建议用"长不定芽"（adventitious budding），这是与植物生长做的一个类比（解释起来较为困难）。小组里另一位成员卡尔·皮斯特（Karl Pister）建议就用"增累"（accretion）这个概念，这是一个中性词，而且没有负面含义。我接受了这个术语，为此对卡尔表示感谢。我添加了"结构"一词，以便更加具体地描述我脑海中的各种组织变化。

的学院和大学。"(1980：95)

- 组织惰性、大学学术政治，以及缺乏机制来确保能够取消已开展的活动。

高等教育观察者已经注意到了增累的因素。50 年前，克拉克·克尔（1963）首次提出的"多元化巨型大学"这一术语就体现了功能的积累。他也发现了惰性方面的问题，曾隐晦地表示"变化是通过催生新事物而非改革旧事物取得的"（Kerr，1963：102）。最近，阿特巴赫（Altbach）指出，"面对新的形势，传统院校要么在不改变其基本特点的基础上增加功能，要么创建新的部门或机构来进行调整"（2001：30）。通过竞争性的模仿来扩展也被认为是一个原则，"（有的院校）通过效仿其他已有声望的院校来建立自己的声望"（Brewer，Gates & Goldman，2002：66）。教师中的保守主义也经常被认为是大学最强大的力量之一（Kerr，1963）。有一位评论家谈到"四百年来对教学模式变化的抵制"（Marcus，2011：41）。反对变革也许是有关大学的幽默中最老套的主题。（谜语："什么比历史进程更难改变？"谜底："历史课。"① 谜语："换一个灯泡需要多少个牛津大学的老师？"谜底："要换吗？"② ）。此外，多年来，大学教师似乎培养了与其智力和创造力水平相称的抵抗艺术。约翰·凯（John Kay）经过长期开创性的努力，通过牛津大学教师委员会践行其建立赛德商学院（Said Business School）的建议，他总结说委员会制度有利于避免决策沦为一种高级艺术形式。他找到了"八支令人无力决

---

① **译者注**：这个谜语的谜底"历史课"（a history course）巧妙地回答了谜语中的"历史进程"（the course of history），利用了"course"（课程、进程）的双重含义，这里讽刺大学教师不愿意或害怕任何改变。

② **译者注**：这个谜语的谜底应回答要多少人换灯泡，但此处回答却是"要换吗？"（Change?），这里讽刺大学教师一听到"change"（换、改变）这个词就紧张，不愿意或害怕任何改变。

断之桨"：拖延、推诿、程序不符、"大局观"、逃避、模棱两可、先例和否定（Kay，2000）。如果他没有被"赛艇"这一比喻所束缚的话，也许他发现的还不止八个。

尽管存在以上这些看法，但据我所知，没有一个总体论断能综合所有这些因素，更不用说勾勒出这一增累过程对大学生活方方面面产生的影响。我的讲座将会围绕这两项任务展开。

**增累过程的历史概述**

以下是大学增累的一个简要的、理想化的历史：

- 在殖民地时期和整个19世纪早期，院校通过授予学士学位或其同等学位来培养精英阶层。
- 1860年耶鲁引入博士学位引人注目，19世纪后半叶，各大学加强了对研究生的培养力度，但同时也没有放弃对本科生的培养。
- 也是在这一时期，法律和医学专业学院被引入大学，成为大学附属的一部分（Kimball，2009）。随着时间的推移，大学所开设的专业不断增加，涵盖了如今我们所熟知的一系列专业。大学的教育学院对师范或教师专科院校起到了补充作用。与之形成对比，在许多其他国家，大学之外的专业学徒制度仍保持着活力。然而，专业教育的增加并没有导致大学放弃现有的活动，它们将专业教育添加进来，扩大并加强了"服务社会和社区"的功能。
- 随着研究生教育的增长，各大学积极引进并高度重视洪堡的研究理念，并建立专业系作为长期组织场所来践行这一理念。随着时间的推移，专业系的数量增加了（例如，在19世纪晚期增加了社会科学，在最近几十年增加了计算机研究和传播学)。这些增加的专业系十分重要,1905年亚伯拉罕·弗莱克斯纳(Abraham Flexner)甚至宣称"大学已经把学院献给了研究的祭坛"(引自 Scarlett,2004:39)。

接下来,洛克菲勒等基金会的慈善行为以及范内瓦·布什①和后斯普特尼克②时代的联邦政府将大学的科学研究提到前所未有的高度。这对社会科学的影响较小,对人文科学的影响更是微不足道。作为扩张在结构上的体现,我们发现校园里到处都是中心和研究所,它们被称为有组织的研究单位,通常是跨学科的,而且在结构上与专业系分离。鉴于政府的作用增强,许多高校设立了"政府关系"办公室,以便与相关机构保持联系、进行游说(McMillen,2010)。然而,我们也保留和扩大了本科、研究生和专业教育。

• 最近一个阶段(过去30年来),商业机构赞助和合作的研究、资助研究、合作研究和大学老师领导的衍生企业得到了增长,这同样也符合增累的模式。稍后我们将更为全面地讨论这一话题以及其他商业因素对校园的"入侵"。

• 随着时间的推移,以常规的"大三海外学习"项目为开端,学院和大学已经扩展到国际教育领域,但近来变得更

---

① **译者注**:范内瓦·布什(Vannevar Bush,1890—1974)是二战时期美国最伟大的科学家和工程师之一,因其在信息技术领域多方面的贡献和超人远见,有"信息时代的教父"的美称,他对美国的信息技术发展做出了卓越贡献。

② **译者注**:斯普特尼克(Sputnik)是苏联在1957年成功发射的第一颗人造卫星,这一技术突破震惊了美国及其盟友。自此,美国开始大大增加科研投入,注重人才培养,以提高科技实力。

加多样化，并扩展到研究生教育和研究活动，这一切都是高等教育快速全球化的一部分。

- 作为常规学士课程的附加项目，学院和大学增加了函授课程、暑期学校、工作坊等，为那些想要加快进度或重修不及格课程的常规学生、提高专业认证等级的专业人员以及大龄学生提供服务。多数学院和大学都尽力让这些项目自筹经费，它们也成为雇佣临时和兼职教师的重要契机。

- 在增累变化中，最近出现了"远程教育"（伴随着私立教学型院校脱离寄宿制院校分化而来），这是一系列巨大的、饱受误解的变化。格雷戈里安（Gregorian）和马丁（Martin）认为这是高等教育中最重要的一个趋势（2004）。此时我们只是在谈到"增累"时稍加提及，之后我们会对其单独加以讨论。

- 大学不时将更为传统、"为大家熟知的"大学课程嵌入它们规模更大、以专业系为主导的"专业"课程之中。我想到密歇根大学的蒙特斯学院（Monteith College at the University of Michigan）以及20世纪60年代和70年代塔斯曼（Tussman）和马斯卡廷（Muscatine）在加州大学伯克利分校进行的实验，还有其他许多不那么引人注目的跨学科课程。从历史上看，这些课程事实上很容易受到影响，这主要是因为它们与专业系和其他单位不同，它们通常是按年度获得资助的，并且常常可能中断。而且，这些课程有赖于专业系的教师来完成，这些教师要求减少系内的教学任务以便参与其中，而系主任并不乐于接受这些要求。

• 随着时间的推移，学院和大学增加了公共娱乐活动（主要以校际体育竞赛的形式进行）和文化启蒙项目（如博物馆、公共讲座、戏剧和音乐表演）。许多人都认为校际体育竞赛是个毒瘤而非一种增累，因为校友、媒体和公众对竞技体育的热爱所带来的压力使其容易失控（参见下文108-109页）。与此同时，校内体育运动、体育系和体育课程也一并出现了，尽管因为在高校中没有地位而常常遭到老师们的嘲笑，但它们仍然坚持下来并不断发展。这些辅助性的活动也被纳入高校其他正在进行的活动之中。

• 大学增加了学术出版社，这是教师出版学术研究的一种途径（对于处于终身教职晋升通道（tenure track）的教师来说越来越重要，因为他们需要这些研究成果来作为其职业晋升的重要依据），也是对公众进行文化启蒙的一个工具。

• 高校的研究办公室变成了常见机构，它们既协调公共关系，又为综合机构发挥多重功能以及做出复杂决策提供数据和分析（Swing，2009）。

• 通常，大学和一些学院为了创造、巩固或产生其他增累而制造增累。我想到了筹款和发展办公室、竞选委员会、校友关系办公室、赞助研究办公室和技术转让办公室。当我偶然读到一本校长筹款手册中诸多"建议事项"时，我只感到一种讽刺：任命一位杰出的副校长负责发展事务，"在你办公室附近给他配一个豪华办公室"，并把他纳入你的最高顾问委员会；任命一位筹款顾问；同时，建立一个个人筹款图书馆，进行一项可行性研究，并编制一个筹款案例说明；最后，"批准一项超出你最初计划的预算拨款"（Fisher，1994：16）。

- 社会运动和其他来自公众的压力也间或促进了增累的过程。在相应社会运动的外部和内部压力下，从事女性研究、种族研究以及同性恋研究的专业和系的广泛开设就是一个最明显的例子。尽管一些教师反对这些专业和系的开设，认为它们没有适当的学术基础，但它们还是成为许多大学和学院的普遍特色。最近，在内部和外部力量的共同作用下，环境研究的专业和系出现了增长。
- 行政增累中有一大悖论：无论好坏，各种时运都为行政增累提供了动机。当时运好时，动机似乎是不言而喻的。此时需要在新成立的研究机构中增加行政人员，增加咨询服务，提供财政援助和其他学生服务，建立和扩大赞助研究办公室以抓住发展机遇，补充发展和筹款人员以利用扩张机会。当时运不好时，似乎需要行政紧缩，但实际上又没有紧缩。在20世纪70年代和80年代的"新萧条"时期（Cheit，1971），入学人数和资助来源都在减少，但在1975年到1985年这十年间，行政人员的增长率为60%，而教师的增长率仅为6%（Zemsky，Wegner & Massey，2005）。为什么在一段相对贫困的时期需要这种扩张呢？其主要原因是，在招录学生以及获取财政援助、私人捐赠和州的资助方面获得竞争优势的压力越来越大（所有这些资源都在减少），此时学校反而需要加大对行政人员的投入，从而想方设法获取在这种境况下所能获取的资源。行政组织的削减也需要行政人员花费时间来决定哪些可以削减以及如何处理对这些削减的阻力。由于这一悖论，在高校历史上，不管是为了使收益最大化还是使损失最小化，似乎没有哪个时期不需要某些类别新的行政人员。

这就是长期以来形成的多元化巨型大学主要结构增累的脉络，或者是帕森斯（Parsons，1973）所指的独特的美国大学的"包袱"①。这一过程主要是在综合性大学中实现的，这很大程度上是因为综合性大学的扩张较少受法律和传统的限制，而且外部赞助机构由于它们能够相对不受限制地开展新的活动而选择它们，并且，就知识和声誉而言，它们是"最好的"大学。赞助商、基金会、政府和企业都倾向于选择"最好的"大学，以便最大程度使其资助获得成功。

增累原则也影响了高等教育的其他层次，尽管其影响程度不及对综合性大学的影响，其影响机制如下。

州立学院有许多都是从师范院校发展而来的，长期以来，它们与本州的综合性大学相互竞争，同时又效仿这些综合性大学。具体有以下几种表现形式：州立学院把它们的名字更改为"州立大学"，在教学工作量、薪资和学术休假方面争取与综合性大学平等；在专业培养中增加研究环节；增加高等学位（尽管大多数州立学院在法律上不能提供博士和某些专业学位）。这其中许多工作涉及增加专业和部门，因此产生了增累。争取地位是最大的动力：综合性大学为了争夺外部资源互相竞争以扩大活动项目、拓展专业和提高地位；州立大学为了追求地位平等而与综合性大学竞争。在英国，理工学院长期以来力争与综合性大学平起平坐，这是国外的一个明显例子。

社区大学的增累是另一个变化形式。社区大学大多是公立的，传统上只能提供两年制的学位课程（并且被禁止提供其他课程），尽管有些社区大学已经成功转型为四年制大学，而且许多州现在也允许社区大学授予学士学位——这也是一种增累。社区大学这一层次涉及的研究活动极少。增累的主要形式是课程方面的：继续提供文

---

① **译者注**：来自塔尔科特·帕森斯（Talcott Parsons）于1973年发表的 Epilogue: The University 'Bundle': A Study of the Balance between Differentiation and Integration 一文，"bundle"一词本义是"包袱"，在这里指美国综合性大学内部教学、科研等各种不同功能的增累。

科预科转学课程，但会拓展其课程体系以提供更专门的职业课程（Griffith & Connor, 1994），这通常是对市场机会和需求以及地方部门直接或通过董事会施加的政治影响做出的反应。另一个例子是社区大学增加了"为生活做准备"的课程，但并不放弃其他教学内容。在这三大类别学校的每一类别中，专业和部门随着需求和机会的出现而增加。

除了机构内部的扩展外，未能放弃过去增加的内容也是增累的一个重要因素。这并非高校独有的特征，组织惰性在任何地方都是真实存在的，但在高校中尤为突出，而且理解其原因十分重要。我提出以下几点思考：

- 大学没有现成的"倒闭"机制，在商业市场上由于失败而倒闭却是可能的。公立院校历来接受州政府年度批量拨款作为主要的财政资助来源，而它们可以不同程度地控制对其内部具体专业或部门的投入。州政府不愿意让它们所建立的院校倒闭；很难想象，美国五十个州中会有哪个州决定停办"它们的"院校——更不用说停办本州的旗舰大学了——尽管从行政或是经济层面考虑这也许是合理的。立法机关会干预其院校的行政管理，但它们不愿完全停办这些院校。私立院校的管理则更加自主，尽管董事会也一直不愿意关闭它们，但在极端的经济状况下可能必须这么做。
- 我们还必须把问题指向终身教职制。只要一个学术部门有终身教职的教师，就会给废除终身教职制构成障碍。作为一种制度，终身教职制最初关乎学术自由，不过随着时间的推移逐渐演变为一种终身工作的保障。原则上讲，当部门被废除时，终止终身教职人员的聘期是合法的，也是可以接受的（参见下文127—128页）。这种情况会出现，但行政管理者极不情愿这么做，他们要么尽量避免这种情况发生，要么在其他单位为终身教职人员找到岗位，其后果是"（终身教职制）限制了调动教职人员和改善高校管理方面的灵活性"（Rhoades，1998：84）。之后我们再来讨论终身教职制的其他方面。

• 第三个方面的原因出自一套特别适用于高校的社会科学原理，其逻辑如下：如果你承担一个新的功能，你就必须增加一个新的机构去执行这一功能（如有组织的研究单位、行政部门、专门办公室）；如果你创建了一个机构，你也就要为其配备人员而创建一个群体；如果你创建了一个群体，你也就会创建一个新的支持者群体。通常，这个支持者群体把其主要利益、自身生存和发展当作一个整体来考虑。按照这一逻辑，功能扩展过程也产生了内部政治支持者群体。他们主要是在预算编制和预算修订时期通过辩论、施加影响和进行阻挠的方式来强调自己的利益。这套社会科学原理的最后一点是，出于政治生存的考虑，行政管理者往往不会直接"砍掉"某些部门而是对其枝节进行修修剪剪。在困难时期，你会停止修剪草坪，但不会削减教师。阿特巴赫（Altbach）在总结20世纪80年代和90年代的预算削减模式时指出，在许多预算困难时期，人们不愿意大幅调整专业设置或优先事项，而是会进行广泛的、一般性的削减：

> 后勤人员被裁减，维修被推迟，招聘被暂停，工资被冻结，兼职教师取代了全职教师，图书馆无力购买书籍，期刊收藏也被削减。然而，只有少数几个高校打破了高级教师的终身教职制。即使入学率很低，专业系也很少遭到裁撤，行政管理

者依然尽力"保护教师",甚至是以合理的规划或院校的发展为代价。少数几个实力最弱的私立院校被合并或关闭。几乎没有公立院校被关闭,即便合并或关闭符合全州高等教育系统的最大利益。(2001:34)

20 世纪 90 年代,作为耶鲁大学社会科学的校外顾问,我目睹了耶鲁试图有选择性地裁撤几个"有问题的"专业系,这首先演变成一场影响巨大的教师反抗,然后三位高级行政管理者辞职走人而并非那几个专业系被裁撤(简要说明参见 Rosenzweig,1998)。然而,近来也有某些高校通过巧妙安排成功地裁撤了某些专业和系的事例(如 Kirwan,2006)。

在有关高等教育的文献中,我们确实遇到过一些关于功能"分拆"的讨论,但大多数建议都是把一些与教育功能没有明显直接关系的活动进行外包或者私有化,包括校园食品服务、书店、学生医疗服务、安保以及绿化和公共基础设施(Langenberg,1999)。杜德斯达(Duderstadt,2000)也提到了分拆可能涉及招生、咨询和颁发证书。有一些关于外包课程的讨论和做法,例如把入门级语言教学外包给社区大学或其他地方,这些课程在校内已经在某种程度上外包给了临时教师和助教。通过外包实现的实际成本削减无疑差异很大。有些具有学士学位授予权的学院和大学大胆尝试"砍掉"低年级(大学一年级和二年级),但都以失败告终(有关斯坦福大学的两项尝试参见 Cuban,1999),部分原因是人们在情感上对"四年制学位"这一大学标志的眷恋,还有部分原因是校级间体育赛事的阻碍和校友的反对,而且目前还有一个原因是低年级为研究生从事助教提供了主要的"就业"来源。总之,分拆的讨论和做法似乎更加证实了增累与整合的力量,而非证实了分拆的必要。

# 五、基于学科的专业系：既强大又脆弱

从内战时期到20世纪前几十年，美国高等教育的一个巨大转变是知识更加专业化，这既体现在现有研究领域，也表现为新领域的出现。这些知识专业化是从更为分散的研究领域转移到具体"学科"，这意味知识的产生是基于使用一套明确的、有选择的分析假设和原理对问题"按学科规范"进行的探索。这些知识领域过去在严谨性和完整性方面有所不同，现在仍是如此。

在美国，学科的组织以专业系（department）的形式来体现，它是一个由同一学科教师组成的很大程度上自治的子单位，这虽无规律可言但不可避免。法国社会学家阿兰·图海纳（Alain Touraine）将专业系称为"美国的伟大发明"（[1974] 1997：33）。这一独特的创造源自欧洲体系中的"faculty"的概念，但它发生了各种形式的演变，与其在欧洲对等的专业系相比更多采用合议而较少采用专制模式。系主任（chairman，现在称 chair）的权力即使最大化，也从未达到德国和其他体系中的那种由一位最重要且唯一的"教授"独揽大权的地步。

尽管权力没有高度集中，专业系还是逐渐积累了权力，成为高校主要的制度性的实在，它的一贯特征是预算和发展路径明确并按年度修订。其责任是分散的，专业系主要负责大学生和研究生的课程设置及其授课教师的安排；大部分的专业是以学科命名的，由专业系进行行政管理。未来的专业人士在基于学科的专业系中接受训练。他们的专业头衔——物理学家、遗传学家、人类学家——就是从这种训练中得来的，他们就职于基于学科的专业系，如果他们没有取得基于专业系的培训课程证书，他们就几乎不可能被聘用（谁会聘用一个没有具体专业的"自然科学家"或"人文学家"呢？）。

他们的职业发展（职位、终身教职和加薪）起步于专业系并主要由专业系来掌控，尽管期刊编辑、图书出版社以及研究基金管理机构对其也有一定影响，因为它们控制着学术评议的主要成果（Bowen & Schwarz，2005）。毕业生培训和就业系统共同构成了各自按学科划分的劳动力市场，或多或少与其他学科的市场隔离开来。另外，众所周知，专业系一旦建立起来就很难被裁撤，行政管理者了解并深知这一点。专业系是典型的增累。在困难和规模缩减时期，预算上主要受到影响的是与专业系有着不同结构和预算基础的试验性和跨学科的弱势项目。专业系可能被挤压，却很少被扼杀。

其他的机构组织形式或多或少反映了高校以学科或专业系为核心的特征。大多数与其学科名称相同的专业社会科学家是全国性或地区、国际协会的会员，这些协会以它们的学科名称命名，如美国政治科学协会（the American Political Science Association）。这些协会起着保护和提高学科地位的作用，并进行政治游说。它们每年举行大会，这些会议同时为学术活动、招聘、社交提供了平台，也是确认身份和表现团结的仪式。商业和大学出版社开发出版一系列带有学科名称（如心理学、历史学等）的书目以示对这些学科的重视。政府资助机构和基金会有时通过以学科命名的项目来组织捐赠活动，并指定具有该学科背景的人为项目官员。美国国家科学院（the National Academy of Sciences）、美国哲学学会（the American Philosophical Society）和古根海姆基金会（the Guggenheim Foundation）等荣誉学会和奖学金颁发机构按照学科来划分其成员和奖项类别。

因此，基于学科的专业系始终是高等教育机构的生命线和既得利益者。从社会心理学的角度来看，专业人员给自己贴上学科标签，找到归属感，并在基于学科的专业系和协会履行自己的职责，这意味着他们将部分个人和集体身份认同置于某一学科框架中。专业系是所谓的学术部落的结构基础，这些学术部落有着独特的文化——通过文字相互交流、支持或反驳的小圈子，对其他圈子既有喜欢的地方也有憎恶之处（Becher，1989）。在日常生活中，教师不断提醒自己和他人，也不断被他人提醒他们有各自的学科身份。这种机构和个人的身份特征无处不在，在我们的话语中学科往往被具体化并被描述成某些"事物"。

尽管这些因素使基于学科的专业系地位非常稳固，但专业系也有许多没有被人们充分认识到的困境和弱点，这也许主要是因为上面提到的具体化问题。在我自己的职业生涯中，我已经注意到并思考过这些，这里提出来以供大家思考：

- 专业系是一股扩张的力量。专业系的预算是根据教职工职位、办公成本及其他支出的情况每年提出申请并给出理由来决定的。系主任提交（或他人向他提交）预算，然后便与行政部门一起协商和裁决。虽然开支以这种方式受到控制，但系主任在同事的支持下一步一步地施压，要求扩大开支或不削减开支。他们惯用的一个理由是如果一个专业系不能在教学科研上"覆盖全领域"，那么它不仅没有达到学术目标，而且在全国竞争舞台上的影响力也会较小。相关证据如下。① 历史系的主任们一直极力主张：如果它们的专业不涵盖伊比利亚历史（或其他某一领域），则对它们整个专业来说是致命的。行政管理者受到这种论点的轮番轰炸。② 多学科组成的系感到不太受青睐，它们认为如果把它们的学科单独分开将会有利于它们参与竞争和发展壮大。由社会学和人类学联合组成的系就处于这种不安之中，尽管这种不安是潜在的。哈佛大学著名的社会关系系（1946—1970）停办的原因之一是其心理学家、人类学家和社会学家感到不安，因为他们认为相较三个学科合成一个系而言，单独成系在师资和资源方面会更有竞争力。③ 那些选择集中在限定领域（如小群体研究或犯罪学）发展壮大的专业系，由于无法"覆盖全领域"和提供一流的研究生通识培训而举步维艰。所有这些因素都会推动专业系产生自我保护或扩张主义的倾向。

• 系主任的软弱。鉴于欧洲系主任独揽大权模式的"外来特性"、美国社会的民主传统，以及"平等相处"的大学文化，系主任也许已注定是一个相对没有权势的职位。尽管也有例外（如医学院的系主任），但一般来说，系主任的权威较低，主要进行说服、呵护员工，对外交往，协调和冲突管理等方面的工作（Gmelch & Miskin, 1995）。在职业生涯中，我曾两次担任系主任，从中我得到了一个实用的定义："系主任是一个要花费 80% 的时间来为不讨人喜欢的同事跑腿的人。"回过头来看，我错了，50% 也许更为恰当，其中 25% 处理派系问题，25% 处理文件工作。系主任在平权行动①以及随之而来的多元化工作的各个方面都承担了许多责任。当我担任系主任时，我参加了全国社会学系主任的年度会议，这些会议往往变成集体心理治疗课。我还得补充一点，有机会获得外部研究资助的专业系，其教师个人创业精神有所增强，而教师集体参与系的活动情况有所减少。此外，系主任必须不断与这些研究人员协商如何抵扣教学时间，而且要处理一个长期以来令人头疼的问题——保证系的教学任务得以完成。

系主任这一制度，从历史上看是有必要的，也能最大

---

① **译者注**：诞生于 20 世纪 60 年代美国的黑人运动和妇女运动，最早始于 1961 年肯尼迪总统的一个反歧视行政命令，它聚焦于教育与就业问题，对少数种族、族裔、妇女等历史上被排斥的群体给予关照。

程度地保证平衡，但呈现出在任者软弱、厌倦的问题和潜在继任者缺乏动力的问题。许多教师认为这一繁重的工作分散了精力，难以让他们去做更重要的工作（主要是研究工作），以致一些最活跃、最杰出的研究人员在其职业生涯中不会选择系主任这一职位。同时，一些院长的毕生工作就是四处物色自愿、有能力又不让同事反感的人来担任这一职位。

- 专业系的结构和文化。随着新发现的出现、新的研究方向和分支的发展以及知识新用途的显现，科学和学术活动逐渐分化和扩展，这符合其本质。新的跨学科行动蓬勃发展，交叉领域逐渐形成。有时这些非常重要，成为一些新增机构的基础，如研究项目甚至专业系（天体物理学和神经科学）或多学科组织的研究单位。有时一些不太受关注的领域，如动物学和地理学，部分消失并被重新吸纳到其他研究单位。

尽管有这些组织结构上的调整，但我必须指出专业系基本结构僵化的问题，这个问题也存在于我刚提及的那些具有灵活性的自然科学中。在社会科学和人文科学中，这种僵化体现得尤为明显，这些学科系的名称自19世纪晚期被引入高等教育以来几乎没有变化。然而，所有这些领域都表现出一个延伸、多样化、分拆的持续学术化过程，这意味着在一个专业系的屋檐下出现了新的研究方向，结果使学科范式不一致，更加专业化，其成员对整个学科的理解程度较低，在教师任命和教学职责的优先安排上，内部冲突更多。即使在自诩其研究范式比社会科学中的其他姊妹学科更为统一的经济学中，也出现了数不清的新的次领域和关注点——发展经济学、代理理论、新制度经济学，尤其是行为经济学。所有这些都被吸纳为经济学系的研究子课题，而且有些成为专业协会的分支。新的思想流派和新的学术重点不断推动这一进程向前发展。虽然那些存在已久的次领域也许会发生变化,但它们很少会完全消失。所有这一切都是好消息,因其反映了学术的动态变化,但同时带来了知识整合和综合方面的问题。

我把这些动态变化称作结构的僵化(专业系)和文化的动态性(学科)之间的矛盾,这造成了专业系负担过重、在优先性方面存在竞争和冲突以及学科无序延伸的局面,这一矛盾是个顽疾,人们一直在想办法解决,但很少正式承认它。

**有组织的研究单位:专业系的干扰**

劳伦斯·维赛(Laurence Veysey,1965:338)指出,在20世纪初期,随着科研热情和专业系的增强,现代大学的基本结构已经形成。他在一个旁注中谈到之后仅出现一个结构上的创新——研究中心或院所体制的建立,这是研究热情增强的表现。

有组织的研究单位是一种独立于专业系的大学组织机构,它的设立通常是作为对外部机构(基金会或是政府)利益的一种回应,这些机构提供资源以启动和开展某一方向的研究。比如,由国土安全部发起并资助成立了许多研究所,从各个侧面研究恐怖主义。研究所或中心由教师担任主任,其成员由附属教师(通常是跨学科的)组成,在校园内或附近有一个实体场所和配套的基础设施。这些有组织的研究单位也形成了和专业系一样强大的生命力,其主任和附属教师组成了支持者群体,坚信并宣称它们的工作具有合法性,抵制一切停办它们的行径。总之,这些有组织的研究单位也是一种增累。

从专业系的角度来看,校园内的许多研究单位为其成员提供了另外一个归属单位和身份标志。虽然并不总是如此,但一般来说它们的研究经费是由有组织的研究单位管理的,包括招聘研究助理。

这些单位提供的办公和人员支持也经常比专业系更多。由于它们比专业系在学术上更为专一，其成员可能会发现，与专业系的同事相比，他们的兴趣与研究单位的其他成员更为契合。研究单位也是工作组、研讨会、座谈会和学术会议的场所，虽然它们不提供正式课程。所有这些都造成了这样一个事实：除了作为专业系的学术补充外，研究单位在研究场所、时间和学术投入上成为专业系的竞争对手。认识到这一点后，我曾经把专业系描述为一个被逐渐被掏空的残骸，一个系主任就哪些教师以及多少教师去从事教学进行协商的地方，一个同事之间为了被聘与否而相互争斗的竞技场。专业系作为学术单位已被掏空，但它保留了其作为政治实体的活力，这么说也许并不为过。上述描述虽然过于简单，但它们指出了这样一个事实：专业系和有组织的研究单位在知识领域的某些方面目的不同、难以沟通，它们之间的分歧程度和影响还没有被充分地认识。

## 六、增累过程中的普遍反应和冲突

许多评论家注意到美国高等教育中存在一个极端悖论。人们对美国高等教育既爱又恨，它被一些人认为是世界上最好的高等教育，但同时也受到了多方面的抨击。阿特巴赫（Altbach）指出，"美国大学在国内受到前所未有的批评，与此同时，在国外却受到广泛效仿"（2001：11）。20世纪90年代，我在一个叫德美学术委员会（the German-American Academic Council）的国际机构任职，该机构由来自德美两国的20多名学者、公务员和政治领袖组成。一个贯穿始终的主题是德国的委员往往对美国体制的很多方面都大加赞赏（尤其是政治分权和大学间的竞争），但对本国的体制却几乎找不到称赞之处。与此同时，美国的委员似乎对德国的体制不置可否，却立即对本国体制的很多方面提出批评。这种反常现象造成两国委员之间经常互不理解，交流起来就像聋人之间的对话。

我想进一步阐明这种反常现象，它也是一种矛盾心理。为此，我将首先详细说明一个小模型，它对我这个研究社会变革的学者来说很有帮助。具体说明如下。

社会变革通常具有破坏性和建设性两个方面的属性。熊彼特（Schumpeter，1934）提出的"创造性破坏"概念体现了这一过程。工业技术及其分工的重组淘汰了效率较低的生产方式，引入了新的生产方式。电脑取代了打字机；手机把固定电话挤出了市场；民主的兴起消解了部分早期的政治生活形式，建立了权威和政治参与的新原则；世俗化侵蚀了传统的宗教文化，带来了新的合法化的文化意识形态。这一原则虽是普遍性的，但通常不是非此即彼的问题。过去的文化和结构残余仍然存在，而且，在某些情况下这些变化都涉及增累，即把新的内容叠加在旧的文化和结构上。无论如何，用既欢迎又憎恶的矛盾心理迎接环境的变化似乎是不可避免的。此外，人类的思维非常敏捷，甚至可以说难以驾驭，环境变化的一个结果便是受到影响的人会选择这两个方面的其中之一，从中归纳、推断并造成情绪难以控制的场景，因而产生了积极的乌托邦式（邦葛罗斯①）或消极的乌托邦式（卡珊德拉②）的预测。

这里举一些常见的例子，电影、广播、电话和电视的出现曾一度被一些人誉为翻天覆地的革命，认为它将创造一个高效交流的全新世界。托马斯·爱迪生在1913年曾说，随着电影的发明，"我们的学校体系将在未来十年内完全改变"（引自 Stokes，2011：201）。其

---

① 译者注：邦葛罗斯（Pangloss）是法国作家伏尔泰作品《老实人》中的一个角色，他认为这个世界上一切事物都是完美的，尽管遭受了种种困难也对此深信不疑，因此这里邦葛罗斯代表盲目乐观的人或盲目乐观。

② 译者注：卡珊德拉（Cassandra）是希腊、罗马神话人物，特洛伊的公主，阿波罗赋予她预言能力，但她违背诺言后，阿波罗使人们不再相信她的预言，因此这里卡珊德拉指过分悲观的人或过分悲观。

他人则哀叹它们会破坏人与人之间的亲密关系，人们也再无私密可言。这两种情况都没有发生。广播和电视的出现使人们预测观众不再到现场观看体育赛事，电视的出现使人们预测观众不再到电影院看电影。早期人们对计算机的反应体现为将信息社会的魔力理想化，预测有意义的社会生活将会消失（Streeter，2004）。人们曾声称电子邮件和网络既能解放人们又会令人上瘾。再举一个更为重要的例子，马尔萨斯人口论曾预言，伴随工业革命时期进步论的美好愿景，饥饿和灾难将会出现。科学和经济的论据反驳了有关环境掠夺、破坏和枯竭的悲观预测，认为新技术将克服旧技术的负面影响。我们要吸取教训，人类对自己历史和现状的评估不仅有现实的成分，也有把绝对观点无限放大的做法，从而创造出一个想象的世界，既有乌托邦式的快乐，又有"小鸡利特"①式的灾难。即便我们不相信这些极端预测，这些教训也应该引起我们的警惕。

社会科学本身揭示了邦葛罗斯-卡珊德拉综合征②的悠久历史。任何熟悉工业和经济发展、城市化及社区生活文献资料的人都会发现这两种极端倾向：一种极端是陶醉于繁荣、城市化和人类进步带来的好处，另一种极端则是哀叹其带来的贫穷、人格解体和不公正。研究这些现象的理智的学者发现，所有这些影响都混杂在一起，呈现出复杂的变化模式。

我认为在高等教育（抑或广义教育）的历史中尤其容易产生邦葛罗斯-卡珊德拉综合征。克拉克·克尔也提到了这种现象的部分表现，他根据自己在庆祝场合的经历谈到，"我曾遇到有人谈到光荣的过去，有人谈到可怕的未来"（Kerr，1963：211）。他的话与我的部

---

① **译者注**：这是一个欧洲的童话故事，一只叫 Henny Penny 的小鸡，美国人称它为"小鸡利特"（Chicken Little）。有一天，一个东西掉到它的头上，它就认定天要塌下来了，末日将至。"小鸡利特"常常指错误地认为灾难在所难免的人。

② **译者注**：参见33页译者注①和译者注②。这里指既盲目乐观又盲目悲观的现象或看法。

分分析相契合。我想给出一个更为复杂的解释，并论证它与我所强调的增累现象密不可分。下面列举一些历史例证：

- 19世纪尤其是最后30年，美国高等教育发生了一些公认的也许是最伟大的转变：从强调公认的宗教真理转向寻求一般性的知识；逐步攻克科学难题而非宗教难题；将自然学科纳入课程之中；采纳洪堡的研究观念并巩固专业知识；开设研究生学位和专业学院。所有这些都为19世纪早期的大学敲响了丧钟。然而，正如鲁宾（Ruben，1996）所记载的，整个过程伴随着断断续续的反对意见：有人对宗教和道德教育的神圣价值念念不忘并不时重申。之后，在20世纪初，一场全面的反对运动发展起来。以下是鲁宾对这一情况的概述：

> 到20世纪前10年末，对高等教育的批评已经司空见惯，一位教育家曾开玩笑说："没有人为大学说句好话。"在几十年来对旧式大学的贬低之后，公众对高等教育的讨论中出现了一种新的怀旧情绪。评论家们（如尼古拉斯·默里·巴特勒（Nicholas Murray Butler））想念古典大学的统一性、道德目标和崇高理想。他们认为新式大学混乱不堪、物质至上，学生自私自利、不守纪律。在接下来的十年里，这种批评不断升级，随着大学在现代道德教育模式中将知识和道德有机统一的各种尝试均以失败告终，批评日益增多。（Ruben，1996：230；另见Veysey，1965）

这里是我过渡性冲突"模型"的所有要素：变革之巅的骑士们摒弃陈旧的过去，歌颂美丽的新世界，同时又赞美美好的过去，害怕变革的惊涛骇浪带来的毁灭。若这种冲突完全凸显则会出现四个乌托邦，两个积极的，两个消极的；两个关于过去，两个关于未来，四者同时并存。当然，这些乌托邦在凸显和发展程度上有所不同。

- 20世纪前30多年的反职业主义浪潮（其中声音最为响亮的是托斯丹·凡勃仑（Thorstein Veblen）和罗伯特·赫钦斯（Robert Hutchins））以及承诺要拯救逐渐消失世界的求真理想体系——我认为这两者都是邦葛罗斯-卡珊德拉原理的体现。1909年，约翰·查普曼（John Chapman）抱怨道："掌控（大学）的人几乎都是商人。"（引自Aronowitz，2000：17）赫钦斯声称："大学对知识本身的追求正被（职业主义）迅速淹没，也许即将消失。"（1936：36）凡勃仑直接宣称商学院"与大学所追求的集体文化格格不入"，他说："它应放在一个如同体育系的学习机构里。"（[1918]1968：154）反职业化的声音一直喧嚣不已，持续至今（例如，《知识工厂》，Aronowitz，2000，其副标题"解散企业型大学，创立真正的高等教育"揭示了一个消极和一个积极的乌托邦）。

- 第二次世界大战之后不久，当国会正在推进《退伍军人权利法案》① 这一历史性法案通过之时，大学的一些行政管理者就对这一几乎受到普遍认可的措施发出了反对的声音，他们抱怨这些大量"非传统"大学生的涌入会对他们在理想化的校园过着与世隔绝和田园般幸福生活的价值观构成威胁（Thelin，2004a：263）。

- 稍后我将会谈到20世纪早期人们对慈善基金会资助下所推进的创新的反对，主要针对这些基金会为了体现企业价

---

① 译者注：《退伍军人权利法案》（Servicemen's Readjustment Act of 1944 或 GI Bill）是美国国会于1944年颁布的一个法案，旨在帮助退伍军人在二战后更好地适应平民生活。

值观以企业价值取向取代大学传统价值观的问题。

· 在诸多大学生活里有回报的活动中，长期进行的研究和攻关不时引发抗议，人们声称人文教育和普通本科教育受到了侵蚀或摧毁。在20世纪60年代联邦政府资助研究的鼎盛时期，尼斯比特（Nisbet，1971）曾抱怨学术价值观的堕落和腐蚀。在20世纪80年代因教育失败带来的对高校猛烈抨击的浪潮之后（Bennett，1984；National Institute of Education，1984；Association of American Colleges，1985），博伊尔（Boyer，1990）发表了影响巨大的宣言，这也许是对重视研究所带来后果的最引人注目的一次抗议。近来一位批评家宣称大学进行了一场"大抢劫"，他认为"把重视研究与重视教学对立起来的本质就是美国本科教育的堕落"（Scarlett，2004：39；另见Tussman，1997）。这些观点有些道理，但这里我仅指出它们未免过于绝对、证据不足的问题。

· 对在线教学兴起的反应也表现出类似分歧。一方面，我们知晓"DIY（Do It Yourself）教育有望使我们从费用高昂的大学转向广阔的网络空间"，"旨在实现全民教育愿景的同时把大学抛诸脑后"（Kamanetz，2010：119）。另有一名热情支持者断言，在线学习这一"颠覆性的创新将会改变整个世界的学习方式"（Christensen，Horn & Johnson，2011）。在线学习正在"摧毁传统的课堂，代之以更好的学习和教学方式"（William Draves，引自Stokes，2011：197）。同时，我们注意到大学教师中有一种普遍的看法——既有否定又有担忧，认为在线教育即使没有摧毁传统的教育模式，也是对其的一种诋毁。"新的教育技术……会夺走教师的知识和技能、他们对职业生涯的掌控、他们的劳动成果，最终还会夺走他们赖以为生的手段"（David Noble，引自Stokes，2011：198）。

- 为了与大趋势保持一致，20世纪80年代在工业界以及联邦和州政府中兴起了一阵"问责狂潮"，我会在第三章中对此进行详细论述。这一"问责狂潮"也波及了大学，其表现形式之一是建立"绩效指标"，如应届毕业生的考试成绩、毕业率和就业情况。人们对此反应不一。1998年，澳大利亚的一个大学行政管理者团队指出："围绕绩效指标这一概念，某种类似于宗教狂热的东西兴起了，人们认为它们无所不能、优点众多，并列举其巨大的好处和神奇的结果，从而引发了人们的期待。"（引自Gaither, Nedwek & Neal，1994：13）与此同时，行政管理者和教师对这些和其他衡量绩效的措施进行了猛烈抨击，认为用这些措施来衡量高校不仅在方法上存在缺陷，而且对大学自治、大学信誉甚至是学术自由构成了致命威胁（参见下文101—104页）。

从大的方面来说，有些作者对于大学及其他领域潮起潮落的"管理时尚"——零基预算法、标杆分析法、全面质量管理以及业务流程再造等给予了评价。这些创新表现出某些共同特点：它们有自己的叙事和修辞手法，具有神奇的解决问题或革命性的潜力（Birnbaum，2000）。这些思想以一定的方式普及和传播，而且不可避免地只能流行一时。只要这些创新带有危机在即、治愈在望这样的断言，它们就具有邦葛罗斯-卡珊德拉综合征。

**特有模式的产生条件**

总结当前讨论，我要提到导致这一伴随着高等教育结构变化的邦葛罗斯-卡珊德拉综合征过程的四个因素，它们互为因果、相互强化。

- 前面我提到了高等教育道德嵌入这一特性，该背景提供了一种特殊的认知评估框架，使得人们倾向于用极端主义、极权主义和非黑即白的语言来定义问题。有人认为旧事物将要消失是一种解脱，有人则认为是一种遗憾；有人认为新事物的到来是一种亵渎，有人则认为其创造了新世界。此外，这种道德上的思维定式容易产生各种单一的、简单化的思想，而不欢迎那些视情况而定的、有条件的和有根据的评价。
- 我还提到了高校教师惰性倾向的一种特殊力量，以及他们阻止在其生活方式重要方面发生改变的心理和组织上的高超能力。一个最有效的抵抗策略将这些变化升级为一种高尚原则的表述（如"门口的野蛮人"①），这与大学文化诸多方面存在的说教和傲慢倾向相一致。这一策略也会产生某些极端的看法。
- 与此密切相关的是，我们应该注意到在描述警示、危机和拯救的语言中所蕴含的巨大修辞力量。描述危机的语言尤其如此，通常不仅是对事态的描述，还是"一个戏剧性的表述，表明问题紧急，需要立即采取英勇的行动去解决"（Donaghue，2008：1）。因此，它也是一种动员方式。"描述危机的修辞不是为了进一步分析危机，而是为了促进行动，在本已满满当当的公共政策议程上推进优先解决某一

---

① 译者注：这一表述出自布赖恩·伯勒（Bryan Burrough）的《门口的野蛮人》（*Barbarians at the Gate*），该书用纪实性的报道记述了纳贝斯克公司收购的前因后果，再现了华尔街历史上著名的公司争夺战。"门口的野蛮人"被华尔街用来形容那些不怀好意的收购者。

问题"(Birnbaum & Sushok，2001：70)。它旨在通过构成一个强调特殊性、威胁性和紧迫性的描述来实现这一目的，并将这种修辞推而广之，声称危机是涉及根本和道德的问题，而不仅仅是理论或现实的问题，这格外具有说服力。由于描述危机的语言在过去被滥用，许多所宣称的危机并没有成为真正的危机，而且描述危机的语言最终偃旗息鼓了，因而出现了另一种修辞手段——声称即将到来的危机是"真实的危机"，这也相当于默认了过去的危机是不真实的。

• 描述危机的语言以及极端思想的产生最终原因在于大学教师中普遍存在一种虚幻的想法：怀念想象中大学的过去，认为过去共同掌权、共同承担一项使命、平等相处三项原则和谐地融为一体。有时就连我自己也会有这样的感觉。

在最后一章，当我谈论到兼职教师的聘用、商业化和营利性院校等专题时，我将会回到这一矛盾心理的主题。这里先透露一点，我将尽力摆脱矛盾心理的极端模式，给出一些更有层次、更为复杂的陈述，这些陈述在理智和情感上可能不太令人满意，但更符合当前现实。

# 七、增累的两个长期后果

在本书中，我认为大学生活的许多附加特征都可以追溯到并反映出增累的基本现象。我将以两个最为明显的增累现象来结束本章。

## (一) 教师活动的结构形成

随着功能和结构的增累，教师的生活发生了两个主要变化：

• 个人工作量增加且工作更加多样化。当大学教师的角色不再限于教师、学生的评估者、导师和榜样时，他就要负责更多活动。如今，大学教师需要从事高水平研究，管理实验室或一组研究助理，为学生写推荐信，申请基金，提交研究活动报告，花更多时间评阅基金会和政府资助机构的研究基金申请书，与社区团体、基金会和政府协商，参加各种学术会议和代表大会，在空中飞来飞去的时间更多（雅克·巴尔赞（Jacques Barzun，1968）曾描写过"在空中飞的大学教师"，我们也曾开玩笑说，伯克利的教师都遵守了战略空军指挥部（the Strategic Air Command）的政策——不论什么时候都要有一位教授在飞机上）。对大学教师的调查显示，他们每周工作50到60小时或更长时间。这些数据背后有很多原因，例如，无论多少科研和学术成果对于教师争取地位和尊严都不为"多"。但是，我将这些主要归因于教师工作活动的增累和碎片化。增累带来的日益沉重的"包袱"也带来了教师个体在大学相关活动方面相应沉重的"包袱"。有一本手册专注于研究教师如何协调时间和精力策略（Bianco-Mathis & Chalofsky，1999）。有些研究人员还试图证明角色超载和角色冲突是大学教师心理压力的来源（Fisher，1994）。

2006年春，当我在伊利诺伊州立大学做访问教授时直接观察到这一现象。多年来，该校一直向教师们传递这样一个信息：在教师的晋升过程中，其研究活动（主要指期刊文章和研究报告）会受到更多考量。不过我也注意到（并在校园刊物上发表了一篇简短文章对此进行了评论）学校并没有相应减少或考虑减少教学活动。

• 随着教师压力的增加、在校学生规模的长期持续增长以及分派正式教师去教授这些学生所需资金的巨幅增长，教师的角色开始分化，其中担任行政管理中课程和职业咨询的教师增多，逐渐承担起一项传统活动（学生咨询）的责任，而近年来教师对此并不上心，也起不到很大作用，虽然他们在形式上对此仍负有责任。教师新增了为学生健康服务提供心理治疗和咨询的工作，这是进一步转移其作为道德权威的责任。更为重要的是，下列类别的人员的数量增加了，其责任也更大了，包括教学助理（研究生实验室和科室的负责人和考试评卷人员）、本科生考试"阅卷员"、非全日制研究生及一些本科生研究助理、非教师编制的研究人员（主要是研究所通过监管不那么严格的"软"资助资金聘用而来的），以及全职和兼职教员（稍后我们将详细谈到）。所有上述类别的人员都是终身教职教师的辅助人员，这也反映出教师放弃了部分传统教师的责任。这些类别的人员有以下两种特征：

a. 在快速扩张时期，辅助人员往往会增加。例如，在1950年至1970年间，学生人数和研究项目急剧增加，辅助人员的数量呈爆炸式增长，而相比而言，正式教师的数量却温和增长（Smelser，1974）。矛盾的是，如我们之后所见，上面提及类别的人员，尤其是临时教师，在高校发展困难时期数量也会增长，不过这是源于另一个动因——行政节约和实现课程设置的灵活性。

b. 虽然这些类别的人员被指派从事一些核心的教学和研究活动，但是，那些颇有建树的大学精英教师不愿放弃对这些活动的控制，也不愿妥协，仍然认为教师是大学的学术核心、灵魂和良知。这是通过以下几个途径来实现的：教学大纲和课程的批准在很大程度上仍由指定的教师委员会控制；教师对评估学生的表现、签署学生的成绩单并使之合法有效仍负有形式上的责任；在有资助的研究中，除了非正式研究外，"项目负责人"的角色仅限于正式教师，从而限制了非教师编制的研究人员的独立性和主动性；非教师编制的研究人员只能偶尔从事教学工作，而且还要得到教师委员会的批准；所有辅助类别的人员都被排除在学术评议会和委员会之外，不能参与共同治理，也没有一些如校园停车这样象征性的重要特权。所有这一切都是精英教师委派责任而不赋予权力和特权的经典实例。顺带说一句，这也是政治疏离感产生的一个重要原因。

不出意料，这些过程导致了在美国大学里几类二等公民的产生。他们参与执行了大学的核心职能，却没有被赋予控制这些职能的人所拥有的那种权利、声望和荣誉。学生行政咨询人员和顾问便属于这种类型的工作人员，他们中的许多人相信自己在真正管理大学。当他们的工作做得好时，很容易被教师忽视；当他们的工作做得不好时，则会立即受到指责。非教师编制的研究人员有时会去争取学术评议会成员资格、教师特权和正式教学资格，但通常并不会成功（Smelser，1974）。（我曾经把大学定义为一个舞台，在这里，教师花大量时间成功逃避了教学，而非教师编制的研究人员则一直汲汲于教学却没有成功）对地位不满的另一个表现是，近几十年来，美国教师工会最活跃的领域并非来自正式教师，而是来自临时教师和教学助理（参见下文125-126页）。

## （二）对大学社区的影响

如今，增累给大学社区带来的变化显而易见，几乎无须证明。其主要机制如下：

- 大型综合性大学的师资规模庞大。一位教授有 2000 名甚至更多同事，他（她）可能在校园里度过整个职业生涯而只遇见其中很少一部分人，更不用说去了解他们。人数众多也相应增加了教师和行政管理者、教师与学生之间的距离，他们之间的交往也仅流于表面。

- 专业化和分化程度加深。这是由于具有专业语言和兴趣、基于学科的专业系数量的增加以及"筒仓效应"，同时，随着专业系研究主题的专业化和无序延伸还产生了"内部筒仓效应"。

- 大量辅助性尤其是非学术性的活动和项目增加。这些活动带来了多样性，往往将大学转变成一个由项目和活动组成但相互之间并无有机联系的集合体。早在 20 世纪初，一位评论家就谈到大学校园是由一些不相容的事物组成的——"它集体育度假区、啤酒花园、政党大会、实验室和研究工厂于一体，如西班牙煎蛋卷一样是个大杂烩"（Canby，1936：81；同一现象的最新说法参见 Geiger，2004：15）。这加剧了在优先事项上存在已久的分歧和冲突，尤其表现为学术和体育以及学术和娱乐之间的长期紧张关系。

- 产生了寻求研究资助的教师企业家。这种企业家精神会产生个性化和分离效应，因为不同教师会向外界寻找不同的研究赞助者。

- 基于学科的研究占主导地位。这促使教师偏向于认同其他高校中的专业协会和学科同僚而减少了对本校的认同。阿什比勋爵（Lord Ashby）曾谈到身份认同危机："现代的高校教师在对其就职的大学和其所属的专业协会（化学家或历史学家等的协会）的忠诚上出现了分裂。"（1974：73）

学科国际化只会扩大这一问题,与其他学界和国家的快捷电子沟通也会如此。

大学社区剩下的只是"一连串的社区"(Kerr,1963:1),它或许只是一个在很大程度上想象或假想的残余下来的总体社区,一个在体育活动中及政治危机时期学校领导和董事会在礼仪场合声称的社区。如果我可以用个人略带讽刺意味的语言来结束本章的话,那么我承认我时常感觉自己所在的大学就是一个社区,我是其中一员,并且把它当作一个社区来热爱。这些虽是真情实感,但也仅止于此,我不会因此欺骗自己这一社区真正存在。

# 第二章

## 动态演变的后果：大学学术政治、冲突及不平等

总结一下第一章,我阐述了体现美国高等教育特征诸多类型的变化——单元规模增加,单元分割,分化(或专业化和复杂化),功能扩展以及协调。我发现了一个在我看来特别显著的关于变化的原则,它存在于各个层次中,在研究型大学中尤为突出,我把它称为"结构增累"。这一想法十分简单。增长是通过在现有结构的"边缘"添加结构来实现的,但至关重要的是,在这一过程中,旧结构没有被剥离,即使它们的突显性可能会改变。随着时间的推移,这一过程最终会创造出一个多功能并且具有不同结构、角色和群体的庞然大物。我的主要目的是描述增累过程并追溯其中的一些后果,以此解释高校中发生的情况。我首先分析了典型增累和专业系的特性,同时对研究中心和研究所进行了评论,随后指出了伴随创新和新的增累产生的一种尤为激烈和两极化的冲突,最后分别讨论了增累与教师工作负担过重和大学社区衰落之间的关系。

所有这些都意味着什么呢?最近,一些评论人员将现代顶尖研究型大学描述为"敏捷的大象"(Paradeise & Thoenig,2011:10)。这一描述极为精彩,但经过考虑,我得出的结论是这仅仅描述了部分事实。这最适合描述高校领导者在增长时期的行为,因为他们在面临外部资助和新项目(增累)筹资的竞争时,行为必须"敏捷",而且所有这些增累一直都在催生一个大象般的庞然大物。这也可能适合描述困难时期高校领导者拼命争夺新的业务,甚至是利润较低的业务,以满足他们对资源需求的情况。然而,它并不能体现第二个特性——抵制剥离。这时用来描述大象的形容词就变成了"不情愿的"或"顽固的"。换言之,增长的动态演变不同于收缩的动态演变(或许在这种情况中也不是收缩)。增长涉及寻求或接受资源、利用机会、设立新的部门、证明资源的预期用途、引进新的人员并使其融入大学。没有收缩则涉及惰性机制、既得利益、内斗、渐进式和艺术性的裁减和削减。因此,增长比收缩更有趣,尽管这两个过程都涉及大量的竞争和冲突。

在本章中，我进一步阐述第一章中所讨论的影响。我首先分析增累带来的对高校稳定性的影响，以及高校如何应对外部的不稳定性。然后，我转而分析内部和外部支持者群体的增长以及这一增长对大学群体冲突、行政管理和学术政治的影响。最后，我还会论及增累对学术分层和高校声望体系的影响。

## 一、施加在惰性稳定之上的不稳定因素

首先，我要讨论一个特殊系列的动态演变。虽然增累是与高校增长相关的不稳定因素的一个来源，但并非唯一来源。增累的结果残留下了惰性——"顽固的大象"，它使高校难以通过不同方式对外部不稳定因素做出反应。我将这些不稳定因素分为：①"巨蟒与山羊"原理；②经济波动；③有限资源的竞争对手。我会按顺序加以讨论。

### （一）"巨蟒与山羊"原理

"巨蟒与山羊"形象生动地描述了某些人口变化的影响。最引人注目的一个例子是第二次世界大战后婴儿潮带来出生率的巨大增长，这就产生了一个庞大的人口群体（"山羊"），他们必须同时被社会消化吸收。这一群体在生命周期（"巨蟒"）中大步向前，对增长和适应性提出了不少要求，并威胁要一个接一个地依次摧毁众多机构——儿科护理机构、小学、中学、高校和某些就业市场、中年危机治疗机构，然后是医院和退休体系。当这一群体达到生育年龄时，又与下一个小的婴儿潮相呼应，并引发了人们对在本已激增基础上的人口"浪潮"的谈论。人口统计上的"山羊"的一个独特特征是，它们之前有时会经历一段饥饿期，而且有时后面会紧接着另一段饥

饿期。20世纪50年代和60年代的出生率又是一个例子，这段时间之前经历了人口较少的萧条期，之后又经历了一个相对萎缩期。结果先是一个需求不足的时期，接着是一个巨大的增长时期，再接着是一个产能过剩的时期，之后，就是20世纪70年代的即使没有停滞也是增长放缓的时期。

此外，"山羊"的到来也会创造其他种类的"山羊"。婴儿潮一代使当时对教师的需求激增，也使得处理住房、资助、咨询和学生事务的行政办公室的规模扩大——所有这些增累都加大了成本并形成明显的支持者群体。"教师山羊"尤为有趣，因为有终身教职制，它在形成几年后并没有萎缩，而是经过几十年才走出这个过程，其教职的晋升、绩效的增加和生活成本的调整使办学成本不断增加。最终，"教师山羊"引起了人们对提前退休、阶段性退休和其他方案的高度关注（自从美国在20世纪90年代初通过了一项雪上加霜的政策——取消退休年龄的限制，这一关注尤为凸显）。当退休高峰真正到来时，人们的注意力开始转向退休基金消耗的问题，因为退休基金没有预料到会有这些需求，而且，它一直以来都遭受退休基金领取人寿命增加以及金融困难时期基金市值的周期性重创带来的影响。

有些"山羊"不是人口统计上的，而是源于公共政策。《退伍军人权利法案》带来的结果就是如此，它先于婴儿潮，将数百万退伍军人带入那些在第二次世界大战期间男生被清空的高校。1972年，联邦立法通过了佩尔助学金①，这并非人口膨胀带来的，但这意味着如果没有该助学金，负担不起大学费用的学生可能会增加。从20世纪60年代后期起，平权行动的要求也对计划录取的学生和聘用的教职员工的种族、族裔和性别的类别带来了突如其来的变化。此外，

---

① 译者注：佩尔助学金（the Pell Grants）最初来自1965年制定的《美国高等教育法案》（Higher Education Act of 1965），是由美国联邦政府提供给低收入家庭子女用于完成高中后学业的助学金。佩尔助学金获得者可用这些钱支付学费、食宿费或其他教育花销。

通过特殊的招生项目或免试入学来实现这些变化的目标引发了补习和补偿教育①的问题，还引起了普遍的适应性反应，如设立机会均等项目和部门、咨询办公室、补习项目（Bettinger & Long，2007）和特殊课程（Sadovnik，1994）——所有这些增累都是为了迎接新的挑战，带来了行政管理成本的增加和惰性倾向。在这种突变之上还有一些长期变化，如人口普遍增长、对教育怀有各种期望的移民群体的增加以及"非传统"类别学生需求的稳步增长。

所有这些现象都是需求方面的，然而，它们波及了供给方面。例如，在20世纪60年代高等教育扩张的全盛时期，有资格的高校教师严重短缺。此外，尽管培养高校教师的院校做出了相应的努力，但由于对拥有高等学位（尤其是博士学位）的人才的培养长期存在滞后的问题，供给仍无法跟上。这是一个令人头脑发热的卖方市场，各院校开始以更高的比率雇用博士预科生和非博士人员。后来，随着对博士学位需求的增加，各院校开始培养更多拥有博士学位的人，而此时婴儿潮的"山羊"已经度过了大学时代，对博士学位的需求减少了，学术市场在1970年左右开始恶化并突然转向了买方市场。

## （二）经济波动

引入经济波动这一话题并非要彻底改变上面的话题，而是在摄取、消化和清空各种大小和特征不同的"山羊"之余，添加一系列对不稳定因素的讨论。这两个话题之间的联系在于：经济波动（主要指经济繁荣期和放缓或衰退期）也有与"山羊"类似的影响范围，可以引发与之类似的动态演变。这里举几个一般性原则：

---

① 译者注：补偿教育（compensatory education）指20世纪60年代美国平权行动时期为文化处于弱势的儿童设计不同的教育方案，以补偿其幼年缺乏的文化刺激，进而减少其课业学习困难，增进其课业学习能力。

- 经济波动带来的动态演变对于私立院校和公立院校是不同的。经济下滑往往会缩小捐助规模，降低捐助者的捐赠能力和意愿。私人资助的公立院校也会感受到这些影响，但公立院校主要通过下面的方式受到影响：经济活动的减少会影响州的税收，这又转变成了压力，使得州政府减少对高等教育的支出；州政府预算对经济变化是非常敏感的（Zumeta，2004：83-84）。从20世纪90年代开始，出现了一种不对称现象："经济好的时期带来的恢复较少，而坏的时期带来的恶化更甚。"（Geiger，2004：45）联邦研究资助的波动对私立院校和公立院校都有影响，而且主要是对顶尖院校。总体来说，尽管波动类型及其影响之间存在巨大差异，但与公立院校相比，私立院校通常似乎受到了更好的保护（Vest，2005）。例如，随着2008年的金融大崩溃，股权价值普遍下跌了20%～40%，由于公立院校不太依赖股票市场，受到的直接影响不那么严重。然而，随着危机进一步发展，州政府收入的减少给公立院校带来了沉重的打击，而私立院校则通过股市的部分反弹经济状况得到缓解。

- 经济波动与"山羊"相似，二者都带来了扩张及之后需求的紧缩；它们也在经济良好时期和艰难时期引发了同样范围的影响。当"后山羊时代"与经济独立下行波动碰到一起时，这种影响尤为明显。这一巧合最引人注目的一幕发生在20世纪70年代初，当时婴儿潮期间出生的一代大体上已经完成了高等教育，石油输出国组织（OPEC）的危机爆发，给整个社会（包括教育体系）带来了沉重负担，经济停滞，通货膨胀，州财政收入和联邦研究经费下降，成本螺旋上升，随后还爆发了纳税人抗税事件（Stadtman，

1980）。

- 经济波动也会产生一系列的社会心理反应，尽管我承认，我对这一影响的描述更多的是基于我作为熟悉大学场景一员的个人观察，而不是基于系统数据。与波动相关的萧条时期的心理影响是强烈而真实的，这些影响会给所有校园支持者群体带来沉重的压力，而他们还要与士气低落、忧郁和来自认为他们应该受到谴责的党派的敌意以及紧缩引发的冲突带来的痛苦做斗争。与此同时，一旦事情开始好转，人们很快会遗忘，一种快快乐乐、一切正常、学术事务照旧的感觉也同样很快回来了。20世纪70年代早期的灾难过去时，80年代中期的创伤过去时，从90年代初的紧缩变为90年代后期的头脑发热时，我记得都曾出现过这种情况。2002年的互联网公司倒闭和2008年的金融崩溃以来的这些年似乎与之前不同，人们遭受了一个漫长的艰难时期，何时从中摆脱出来令人难以辨识或预测。我将在第三章对这场显而易见的"完美风暴"加以评论。

- 我还应该提到高等教育经历的政治冲突。尽管这些通常不是周期性的，对高等教育机构的影响也不尽相同，但它们往往带来创伤，并产生严重的后果。我指的冲突如以下所列：麦卡锡主义时代的政治迫害、学生激进主义周期性的浪潮、20世纪60年代中期到20世纪70年代的反战和种族—族裔—性别战争、20世纪80年代的对从南非撤资引发的规模虽小但后果严重的抗议，以及学生对过去二十年里公立院校的预算不断压缩带来的学费上涨的抗议。可能还会有人提到从20世纪80年代开始的对州和联邦两级的学院和大学浪费、效率低下、缺乏问责的抨击以及随后实施的问责措施（参见下文100—103页）。这些危机以危机管理费用的形式将成本强加给高校（例如，警察费用以及设立满足问责要求机构的费用；Zdziarski et al., 2007），也会透支高校的善意和信誉，使行政管理者和受托人对于公众对高校的信心、信任和支持变得更加谨慎。

- 经济波动和政治危机的一个后果是它们往往会将大学推向中心决策的方向（Rourke & Brooks, 1966）。这不是铁律，但其逻辑如下：成本对收入的挤压、冲突事件和公众批评给大学带来了系统性的问题，必须从中心着手解决。单个部门往往不会自行调整预算，转移、削减、裁减等决策是由预算官员和其他行政管理者总体调配的。许多政治危机也会影响整个大学的完整性，因而要求采取协调和集中的行动。此外，当此类危机影响到多校区体系时（如州立法机关年度预算削减），分配决策交由多校区体系中心处理，尽管整个体系的主管部门可能会（而且通常会）将执行决策委托给各个分校（Burke, 1999）。

- 一旦中心被调动起来做出决策以应对危机，还会出现我所宣称的持续"默认中心化"的倾向，中心被调动起来进行危机管理后会继续关注当前和类似的问题，承担一个集中监督的角色，经常去处理以前危机的余波或为可能出现的类似危机做好准备。如果没有人主动提出质疑，集中监督往往会继续存在，而且，有些经历过政治动荡的分校预计将来可能会出现危机，因而也会建立危机管理机构。

### （三）有限资源的竞争对手

不言而喻，那些有可能对高等教育机构进行资助的公共资源一直都受到其他申请者需求的制约。州年度预算体现了多个群体的需求之间错综复杂的妥协。联邦研究经费和奖学金的投入显示出了其与军事、福利和其他联邦支出相比可获得的比例。除大学外，还有许多私人捐赠申请者——社区服务机构、博物馆和医院。

这些竞争性需求随着海外战争的爆发、经济状况以及政客们在即将到来的选举中对视作最重要群体的竞选承诺而波动。近几十年来，公立院校可获得的公共资金受到了两种力量的持续冲击：第一，与之竞争的支持者群体持续不断的政治要求，他们代表卫生、福利、初等和中等教育以及惩教机构（数据参见 Cohen & Noll，1998：49-50）；第二，以权利和准权利的形式确立竞争性需求的趋势，使高等教育更容易受到年度预算波动的影响。另一个造成高等教育经费削减的因素是，人们知道高校可以通过提高学费和费用增加收入以弥补一些损失，即使并非全部（这一点人们通常心照不宣）。高校是少数几个可以这么做的由公共支出资助的机构之一，惩教机构、养老金体系和许多医疗保健提供者都没有这种选择余地。

然而，尽管高校受到攻击，事实上人们仍普遍认为它们是成功的、有价值的和有声望的。高校竭力主张对于州和区域经济增长以及在竞争日益激烈的全球经济中拼搏的国家来说，它们是技术和经济资产（Slaughter，1991）。同时，美国高等教育也面临着一些长期的政治劣势，与国家公务员、K-12① 教师、福利领取者和对不法行为忧心忡忡的公民相比，高校的人数很少，因此，高等教育的政治支持者群体是一个相对较弱的群体。此外，它还受到经济和政治短视的影响。尽管社会、智力和文化资本的长期恶化可能对州和国家造成毁灭性的破坏，但人们并不会立即感受到高等教育经费匮乏带来的影响。一旦短视行为的长期效应产生恶果，扭转这一趋势则是一项艰巨的任务。在进行定期选举的政治民主国家中，具有巨大选

---

① 译者注：K-12 教育是美国基础教育的统称，是指从幼儿园到 12 年级的教育，现在普遍用来代指基础教育。

举影响力的选民关注当前问题,与此相比,推崇总体声望、尊重和长期价值的主张不占上风,这似乎是一个普遍的原则。我认为这种文化、政治和经济的短视思维可能是未来几十年高等教育的最大威胁。

综上所述,高等教育现代史在各层面上具有突变和反复性的特点,学生市场和教职员工市场(及其相互关系)的动荡多半可以算作这些不正常现象的一种表现,这类巨大波动对整个系统影响深远。每个院校的脆弱性各不相同。顶尖研究型大学和选才严格的四年制文理学院的申请人数大大超过录取人数,在招聘教师方面也几乎没有困难,因此受波动的影响较小。中等水平的院校受到中等程度的影响。小型、独立的私立和宗教院校承受着最大的压力,这些院校的选择余地较小,获得的捐赠较少,更依赖于学生的学费。

### (四) 与增累的关联性

最后,我将"山羊"、经济波动和竞争压力的讨论与增累原则联系起来。根据这一原则及其相关机制,突然增长的需求比要求减少过剩产能更容易处理。尽管高校在获取资源、融合新类别的人员、建立新的机构和应对变革反对者的问题上面临挑战,但它们还是倾向于增长。事实表明,增长带来的激烈冲突越来越少。几十年前,詹克斯(Jencks)和理斯曼(Reisman)谈到,"在增长时期重新分配资源和权力总是更容易的,因为激进派可以得到更多,而同时保守派所得到的似乎也没有减少"(1968:21)。而收缩就需要解散部门并遣散人员,处理校园士气低落的问题,直面既得利益的损失以及与那些不愿被辞退的人打官司。决策者由于政治上的对立而失去支持,甚至可能下台。20世纪80年代中期加州大学有一段时间资金资助严重不足,当时戴维·撒克逊(David Saxon)校长要求学术评议会制定应对各专业系"转移、合并、中止和解散"的政策。考虑到当时的情况,这是一个合理的建议,但它像炸弹一样爆炸了。当学术评议会的委员被召集来讨论这件事时,他们陷入了关于终身教职制是整个加州大学系统的问题还是某个分校问题的争论中,并在可能被辞退的终身教职教师是否有权获得其他分校职位的问题上出现了分歧。学术评议会从未就收缩政策达成一致,就连一个假设性的政策也没有提出,而且随着时局的好转,这个问题被大家欣然束之高阁,并没有得到解决。简言之,增累原则的一个结果是"敏捷的大象"在需求突然增长的时期活跃起来,而"顽固的大象"在资源遭受冲击时期活跃起来。这是"顽固的大象"在资源匮乏的情况下在某种程度上做出的反应,但这是在愤怒的支持者群体的交叉火力下犹犹豫豫、一点一点地进行的。

## 二、增累与政治支持者群体的增长

前面我将增累看作高校惰性的一个来源。现在,我要进一步说明这一过程的政治影响。我先将其主体划分为内部和外部支持者群体——这一划分在许多方面难以找到支撑证据(Balderston, 1974)——然后阐述几项关于这些支持者群体如何影响大学生活的原则。

### (一)内部支持者群体

与增长和增累相关的各种变化已在高校中产生了以下类型的群体,扩大了其规模并(或)使其更为复杂:

- 越来越多的在高校中具有牢固地位和身份的特殊专业系、学院和专业学校;更具包容性的学科群(如自然科学、生命科学、社会科学和人文科学)有时也将它们自己视为利益群体。

- 更多不同种类的学生群体（如本科生、研究生、专业学位学生），他们按学习领域还可以细分下去。平权行动和其他多元化政策及趋势把性别、种族、族裔、性取向和身体残疾等因素掺入这个混杂的群体中。
- 辅助人员群体，如临时任命的人员、教学助理和研究助理。
- 学院、系、图书馆服务和行政机构的总体扩张产生的行政后勤人员。
- 与学生服务（如住房、资助、学生咨询、辅导、心理治疗和医疗保健）相关的工作人员。
- 招生、人力资源、邮寄服务等行政办公室人数的增加。
- 行政官员（如预算、发展、体育、校友关系、劳资关系、公共关系、政府关系和技术转让）。
- 最后，人们观察到在所有这些群体内政治倾向广泛多样，有独来独往者、忠诚者、保守者、激进者和活跃分子，从而使校园的群体形象复杂化。工会成员、工会支持者、对工会漠不关心的人和反对工会的人使其进一步分化。此外，那些权力主张反仇恨言论和其他"政治正确"等做法及观点的教师、学生和其他人，还有那些基于学术自由反对这些主张的人，组成的各种联盟也引人注目（Bowen & Schwarz, 2005）。

把所有这些人都称为"支持者群体"可能会产生误导，因为他们中的大多数人只有潜在的"阶级意识"，而且大多数时候在政治上是不活跃的。同时，他们在（或应该在）敏锐的行政管理者的视线范围内，在适当的时候被视作考虑或咨询的群体。他们有时会在预算编制期间被激活，并在关键时刻（如裁员或学费激增时）在政治上被动员起来。更微妙的是，许多高校的员工认为自己是这样一个组织的"公民"，这个组织传统上一贯认为并宣扬自己是一个开明、仁慈的雇主，与某些企业不同，这是一个"工作的好地方"。这是一个值得拥有和树立的好名声，但同时员工也可能因此期望受到优待，受到亏待时也可能因此更为敏感。这种名声在实际中可能会受到损害，这也可能会造成员工的期望发生从特权到权利再到权益的微妙变化，这使得满足他们的要求更加困难。

### (二) 外部支持者群体

许多外部支持者群体存在已久，现在仍是大学政治环境中的重要群体。

- 大学城镇居民。在大学城镇居民与师生的关系中，大学城镇居民对大学的矛盾心理由来已久，他们喜欢大学给社区带来的工作和声望，但不喜欢大学吵吵闹闹的学生、大学免税获得土地、大学对"小镇人"的势利、大学造成的交通拥挤和人满为患，以及近年来大学对环境造成危害的研究活动。
- 学生家长。这是一个潜在的支持者群体，他们感谢大学为他们孩子的职业成功和社会地位做出的贡献。尽管人们普遍认为教师替代父母责任的做法已经消亡，但该支持者群体仍希望大学能帮助他们的孩子远离不端行为，有时当孩子把不及格的成绩单带回家、态度叛逆、有不良记录时，他们会责怪大学。愤怒的家长向州立法者投诉，州立法者随后向高校行政管理者"发问"并使其难堪，这是给高校施加其不愿承受的公共压力的一个十分有效的途径。
- 校友和其他忠诚人士。这是一个与大学关系紧密的支持者群体，他们因对学校具有深厚情感、道德支持、鼓舞作用和财政贡献而受到重视，但有时也因会对学校（特别是其体育资源）产生兴趣而对学校造成干扰。忠诚的校友常常会把他们记忆中（或自以为记得）的学生时代浪漫化。因此，他们有时抵制变革，包括学生和教师的多元化。七十多年前，哈钦斯曾断言校友们扮演了"一个奇怪、常常是可怕的角色"，并宣称他们是"支持者群体中最保守的分子"（1936：22，23）。几十年后，克尔也将校友视为保守主义势力（1963：102-103）。一般来说，就校友忠诚度而言，私立院校比公立院校更高且得到更大力度的培养，住宿院校比非住宿院校更高，四年制院校比社区大学更高。

- 农业、商业和医学等利益群体。他们关注并影响高校的职业和职前课程。提到这一点就会涉及商业与高等教育关系的广阔领域，我将在第三章对其进行持续关注。
- 一个人数不多但十分显眼的群体，他们对大学生活充满好奇，喜欢看大学生活的小说和电影，对行政管理者和教师的怪癖和丑闻特别感兴趣。
- 最后是频繁出现在大学行政官员对话和讨论中的分散的"公众"。很难将他们归于一个支持者群体，因为其所指通常非常模糊，没有人确切知道"公众"指什么或是何人。这些年来，我在所在大学的不同决策圈里，经常听到诸如"这件事在公众中会怎样流传？"或者"这对公众来说肯定是不可接受的"之类的言论，但没有具体说明所指对象。我之所以提到这股"力量"，是因为它既被频繁使用，又被夸大其词。在许多方面，想象中的群体比可识别的群体更强大，这主要是因为想象比感知会受到更少的限制和阻碍。

另外，我还要提到源于两种力量的外部支持者群体：那些资助和以其他方式支持大学的人（他们直接导致了大学的大量增累），以及那些在更广泛的社会中将大学视为特殊利益目标的社会群体和运动。

- 立法机构、州执行官员和董事会。他们既可被视为内部也可被视为外部支持者群体，但从院校行政管理负责人的角度来看，这个群体一直是州立院校的主要收入来源，而且是院校管理的最高当局。他们在（也应该在）行政管理者的关注范围内。之后，我将进一步讨论公共问责问题。
- 私人捐助者。从某种程度上说，把这一群体当作重要的支持者群体提出稍显奇怪，因为院校在接受捐赠时坚持独立自主、自行决定。然而，在实际中，私人捐助者的确对提名系主任（有时还试图影响担任系主任的人选）感兴趣，他们还根据自己的兴趣（如韩国研究、阿拉伯研究）来提出并指定项目和研究方向。在我担任斯坦福大学行为科学高级研究中心筹款人期间，就曾在自行决定使用资助资金（按我个人意愿）和按照某些指定目标支出（按个人、基金会和政府捐助者意愿）的原则之间纠结。
- 慈善基金会。历史上，这些基金会一直对大学十分慷慨。从很多方面来看，20 世纪 20 年代的芝加哥大学是洛克菲勒基金会（the Rockefeller Foundation）的产物；卡内基基金会（the Carnegie Foundation）也非常活跃。第二次世界大战后，基金会在资助研究方面对联邦政府进行了积极补充，大学医学院和医学中心尤为受益。这类基金资助极少要求财务问责（资金应按照预期的方式使用）。但另外两种趋势使得大学与基金会的关系出现更多问题。首先，基金会的资助受到一些有传统观念的人的抵制，他们将其视作公司业务左右大学的另一种表现。托斯丹·凡勃仑（Thorstein Veblen）、约翰·杜威（John Dewey）和厄普顿·辛克莱（Upton Sinclair）等评论家一直对此感到惋惜。1928年，哈罗德·拉斯基（Harold Laski）谴责接受基金会的资金"使得基金会得以支配控制大学，这是完全不应该的"。他补充说，基金会喜欢那些热衷于"炫耀卖弄"的教授（引自Geiger，1986：168）。其次，近几十年来，基金会的理念已从资助基础研究的政策转为资助更为实用、更有针对性的研究，这些研究可能会产出更直接和更有用的成果。有些基金会投资促进少数族裔和妇女的教育，特别是福特基金会（the Ford Foundation）。罗伯特·伍德·约翰基金会（the Robert Wood Johnson Foundation）资助烟草使用影响的"行动者"研究。这些基金会的资金投向不能说成是直接干预，因为一旦资金被批准，大学便可自行使用，结果不受限制。此外，有针对性的"政治"支出不能过多，否则会危及基金会的免税地位。尽管如此，作为重要的资金来源，这些资金的投向依然左右着大学的研究选择和研究重点。

- 在过去半个世纪里，联邦研究基金领域的扩张一直最引人注目。在国家战争和国际竞争的推动下以及在美国国家科学基金会（the National Science Foundation）和美国国立卫生研究院（the National Institutes of Health）等基础研究机构巨大扩张的促进下，这种资助模式也吸引了更加直接的以任务为导向的劳工、国防、能源和司法机构。联邦研究经费虽然不断波动，未来也不确定，但现在已是州立大学预算中很大的一部分，甚至在州政府资助萎缩时成为最大的一部分。

这种慷慨的资助是如何成为增累过程的一部分的呢？基金会和政府的资助直接促进了研究中心和研究所的发展。这些研究中心和研究所提供了科研和学术的场所，对专业系是个补充。特别是在研究型大学中，这些有组织的研究单位已经形成了高校的一股持续存在的力量，构成了一个重要的支持者群体（参见上文31—32页）。

高校组织扩展的其他重要来源更为间接。首先，研究基金的接受者必须提出申请，并且必须通过他们所在学校的研究资助办公室提出申请。这些办公室便是增累，而且十分必要，因为他们需要那些了解资助机会的人和填写申请表格方面的专家。在有组织的研究所中，人数较少的辅助人员也会协助获取外部资助。资助接受者还应根据不同情况向资助授予机构提交进度报告、预算报表和其他文字材料。这些要求是接受资助者在问责过程中依法必须完成的部分，而且，所有这些都要求接受院校设立新的办公室、招聘新的办事人员辅助完成。

其他影响更为间接，但可能是造成组织增长和麻烦的更大因素。当高校获得联邦资助时，它们必定会被要求遵循一般联邦法律、政策和指导方针。事实证明，这些影响是一股重要力量，在平权行动最为高涨的时期尤为明显，因为来自卫生、教育、福利、劳工和其他部门的代表团向高校施压，要求它们遵守指导方针，否则要扣留或撤回研究资助，虽然他们很少这么做，但这极具威胁性。在同一框架下，高校面临着一连串关于审查和执行环境法规、健康和安全法规、人类受试者规定以及与照顾和对待实验中所使用动物的相关条例的要求。

众多的社会运动补充和加强了这些力量，其中大多起源于20世纪60年代和70年代。我记得有代表少数族裔和种族、妇女及同性恋权利的运动，以及其他诸如有关动物权利、人体受试者权利以及各种安全和环境问题的运动。这些运动对大学政策和活动有直接和间接的影响。它们直接通过政治压力、中断研究、不时威胁以及对认定有违这些运动精神的学者采取行动来施加影响。更重要的是,它们通过推动制定保护或有利于其事业的法律和政策来影响联邦和州政府,随后政府资助授予机构要求高校遵循这些法律和政策。

这些压力的负面影响在于,尽管它们是外部强加的,但受影响的高校本身也必须增加工作人员去发现问题并解决问题(例如,增加卫生检查人员以确定某些需要支出来纠正的危险和风险(Zemsky,Wegner & Massy,2005)。在平权行动的压力下,高校任命了平权行动的官员和工作人员。这同样适用于安全保卫、学生和员工隐私、研究规定、学生经济资助管理、审计要求和人体受试者及其他问题。这些组织上的增添和扩展被称为"无资助的强制政策"(Barr & McClellan,2011:1)。不管它们被称为什么,也不论它们所产生的社会政策多么合理合法,它们仍然在实际上产生了增累,增加了高校的组织复杂性和成本。

- 其他社会运动和政治联盟试图影响大学的政策、课程、公开声明,甚至雇佣和解雇的行为。这些都是来自右翼(宗教团体、愤怒的政府官员以及诸如本土主义和麦卡锡主义等政治运动)和左翼(学生活动家、反战团体),他们批评大学搞错了重点以及大学与企业和政治机构关系过于亲密。从历史上看,这些都是威胁学术自由的来源。
- 最后,我们必须注意,媒体作为支持者群体的作用得到了加强。几十年前,我的两位社会学同事写了一篇题为"无知的社会功能"的学术文章(Moore & Tumin,1949),其中一个要点是如果潜在的关注者或群体不知道你在做什么,你的自由就会因此而增加。我认为,从前公众和新闻界都对大学相对无知、毫不关心,尽管这些大学有些古怪,也有缺点，但人们认为大学平静安宁、意义非凡。无论什么原因导致了规模、资源及影响的增长，社会后果的增加，戏剧性的丑闻、冲突、危机，以及更多利益相关的支持者群体的崛起，以前的时代已经不复存在了。高校已成为媒体关注和批评的对象，尤其是那些重要而有声望的高校。有关冲突和示威、行政津贴、教师高薪、违反科研伦理、浪费、预算扩张和预算削减的报道会为媒体带来巨大的阅读量和发行量。在20世纪60年代，我经常调侃加州大学伯克利分校的公共信息负责人，认为他的办公室是全国唯一一个致力于不让自己大学的名字出现在新闻里的办公室。与此相关，所有这些都意味着媒体是高校的一个非常突出的外部支持者群体，对公共信息和公共仪式办公室的内部增累起了一定的作用，也是行政管理者长期以来烦恼的来源。

## 三、增累、收入及成本

我纳入增累名下的变化对高校的收入和成本有着巨大的影响。此外，它们揭示了与一些评论家所描述的不同情况。1920年，哈佛大学的洛厄尔（Lowell）校长简单明了地说："一所大学的需求毫无止境。"（《校长报告》，引自 Geiger，1986：56）高等教育领域著名的经济学家霍华德·鲍恩（Howard Bowen）在另一个既严肃又带有调侃性的描述中评论说，高等教育的主要财务原则为："为了追求卓越、声望和影响力……每个高校都尽其所能筹集资金……并花光它筹集到的所有资金。"（1980：20）这些评论都是事实，但如果进一步研究，我们就会找到这些描述的系统或结构性基础。捐助者和接受者历来的相互机会主义产生了一个最为多样化的收入清单：学杂费、州和地方政府拨款、联邦拨款及合同、私人赠予及合同、捐款收入、教育活动销售收入、附属企业收入、医院收入和独立经营收入（Cohen & Noll，1998）。每一项都与大学有盘根错节的关系且持续存在，但每一项也展现出短期和长期的发展变化趋势。

在支出方面，高校因行政膨胀、超支和失职而受到指控，这些指控随着学费的增加而倍增并加剧，这在需要预算紧缩和节约的艰难时期尤为普遍。（有趣的是，在高等教育整体快速发展了很长一段时间之后，20世纪早期也出现了类似一致的声音，参见 Veysey，1965：307ff.）约翰斯通（Johnstone，2001）提出了以下几项指责：挥霍浪费、错误安排优先事项、胆怯或不愿重组、对学生消费者反应迟钝以及"过度推销"，甚至过度招生。我还要加上教师和行政管理者工资和津贴过高这一点。这个清单具有"个性化"的特征，表现为领导过度管理和政策失误。我认为除了上述与帕金森定律①原理相关的主张可能具有的价值之外，我们在研究各种各样、成本高昂、大体合法、源于增累且体制上难以削减的预算的长期积累时，会对行政扩张有更进一步的理解。

## 四、增累、大学行政管理及学术政治

鉴于我所谈到的（以及将会谈到的）对大学变化的矛盾心理，近年来出现大量批评高等教育行政和管理的各类文献也就不足为奇了。引起人们关注这一问题的原因如下：第一，行政机构随着高校的增长而持续快速增长，在大多数情况下，无论怎么衡量，其增长率都超过了教师和学生的增长率；第二，正如我们刚才所谈到的，行政成本很高；第三，大学教师长期对行政管理存在偏见，认为行

---

① 译者注：帕金森定律（Parkinson's Law）是官僚主义或官僚主义现象的一种别称，出自英国历史学家、政治学家西里尔·诺斯古德·帕金森（Cyril Northcote Parkinson）于1958年出版的《帕金森定律》一书。

政管理者没必要、不称职、自私自利、爱管闲事。(教授A:"'dean'的委婉说法是什么?"教授B:"我说不上来,不过'dean'要一个委婉的说法干什么?"①)

我将对大学行政管理和学术政治的变化特征做出自己的解释,但是作为分析讨论示例,我将给出三个方面的解释,它们都与邦葛罗斯-卡珊德拉原理相一致。

## (一) 科学和艺术的行政管理

随着大学行政管理日益复杂、难以预料和专业化,大量有关大学行政管理实践的专门书籍应运而生,它们与出版量较大的一般工商管理以及医院管理方面的出版量相当,反映了该领域类似的增长情况。大多数书籍都理所当然地认为大学行政管理需要系统性的方法,而且,大多也致力于阐明原则和指导方针,这是基于人们认为高等教育需要这种指导。因此,它们倾向于邦葛罗斯式的盲目乐观。下面我只列出了过去十年里出版的几本书籍:

《高等教育管理的定量分析方法》(Quantitative Approaches to Higher Education Management)(Lawrence & Service,1977)

《高校管理信息系统实施》(Implementing Management Information Systems in Colleges and Universities)(McManis & Parker,1978)

《公司管理策略应用》(Applying Corporate Management Strategies)(Fecher,1985)

《企业大学手册:设计、管理和培育一个成功项目》

---

① 译者注:这里"dean"除了"院长"的意思外还带有贬义,如坏人等。教授A暗指"dean"是一个含有贬义的词语,故意问"院长"有没有一个委婉说法。教授B暗指用"dean"来指"院长"已经够委婉了。其幽默在于两个教授巧妙诙谐地相互呼应,都暗指"dean"(院长)不是个好东西。

(*The Corporate University Handbook*: *Designing*, *Managing*, *and Growing a Successful Program*)(Allen，2002)

《高等教育管理者手册：高校的有效领导》(*The Higher Education Manager's Handbook*：*Effective Leadership in Universities and Colleges*)(McCaffery，2010)

从所出版书籍的数量来看，可以得出这样的结论：它们有市场。它们是大量针对一般企业和组织领导的出版物的一个子类，包含希望、承诺、方案、原则、方针、准则、策略和建议。它们是高等教育"企业化"的重要组成部分，我将在第三章对此详细介绍。

## (二) 对大学文化构成威胁的行政管理

第二类出版书籍也注意到了行政管理思想的膨胀和系统化，但谴责它们是一股征服力量，认为它们导致了学术价值观和体现学术价值观的高校的毁灭。下面的一些书名表露了这种强烈的情感：

《高等教育的麦当劳化》(*The McDonaldization of Higher Education*)(Hayes & Wynyard，2002)

《学术资本主义：政治、政策和创业式大学》(*Academic Capitalism*：*Politics*，*Policies and the Entrepreneurial University*)(Slaughter & Leslie，1997)

《大学有限公司：美国高等教育的企业腐败》(*University*，*Inc.*：*The Corporate Corruption of Higher Education*)(Washburn，2005)

《戴着枷锁的大学：直面军事-工业-学术综合体》(*The University in Chains*：*Confronting the Military-Industrial-Academic Complex*)(Giroux，2007)

此类出版物同样数量众多，它们证实了在美丽新世界中关乎恐惧、沮丧和关乎成功一样有市场，同样都至关重要。

### （三）帕金森定律所描述的行政管理

卡珊德拉式思想的另一种表现形式是，认为行政本身就是一个庞然大物，要么由某种内部逻辑自动生成，要么是恣意孤行、夸大其词的行政管理者的作为。最近，牛津大学出版社出版了一本由约翰·霍普金斯大学（the Johns Hopkins University）政治学资深教授金斯伯格撰写的书（Ginsburg，2011），其书名《大学教师的衰落：泛行政化大学的兴起及其重要性》（*The Fall of the Faculty：The Rise of the All-Administrative University and Why it Matters*）也传达了这样的信息。

过去几十年行政管理者和工作人员快速增长，这都有详细记录，并且总是被拿来与正式教师较低的增长率相比较，金斯伯格从这一点出发，将其解释为"行政膨胀"，教师左右那些对其产生影响的决定的能力急剧下降，以及以学术为重心的理念遭到侵蚀。金斯伯格没有对此进行下列结构性解释：学生和教师规模增长带来的更多行政管理的需求；执行政府和认证机构的强制要求和档案保存的需求；大学教师不愿参与行政管理和共同治理而产生的权力真空。

相反，金斯伯格认为即使不是行政管理者自己攫取权力，行政扩张也是主动的，该书各章的标题为"会议、度假休闲型会议及学术会议"、"计划——大多没有必要"、"形象提升和筹款"、"行政逃避"、"行政浪费"、"腐败"、"行政盗窃"、"内幕交易"和"学术剽窃和学术造假"。这些标题下的大部分"资料"都是奇闻轶事，其解释较为个人化，带有谴责口吻。

### (四) 结构的可选择性

我认为这三种看法——行政管理是系统和科学的、行政管理是腐败的、行政管理是有潜在问题的——更多的是表象而非事实，充其量只有部分深刻见解。相反，我认为治理结构的改变大多具有结构性和系统性的特征。我将规模、复杂性、新的管理方式、冲突、危机和危机管理都纳入"治理结构"之中。这些变化可归为功能、机构以及内部和外部支持者群体的长期增长。一个必然结论是尽管对各方面都有大量文献予以谴责，但在行政管理者、教师、学生、受托人、外部人士中没有哪一类别或群体比其他的更加唯利是图或更应受到谴责。这里概要分析如下。

首先，我已经提出，行政管理的规模和复杂性主要都是增累的结果。增长主要是指数量方面，但是当大学承担一个新的功能时，它会建立一个机构来实现这一功能。这一机构需要人员，而这些人员需要工资和薪水。协调各类机构会产生额外费用，任何对大学活动的外部监管都要求内部的、带薪的官员密切关注可能出现的违规行为，而且，如果发现违规行为，还需内部自费采取行动来纠正。

其次，正如我已经说明的那样，机构的增长带来了内部支持者群体的激增，虽然这些群体大多是潜在的，但尤为重要。外部的慈善家、捐助者和研究资助机构也对接受院校如何开展与其资助有关的活动表达了明确或隐含的期望。如果将这些添加到长期支持者群体的一长串列表中，你将踏入一个由敏感群体组成的虚拟雷区。这一内部和外部支持者群体的双重增长体现在下面对当代大学领导角色的描述中："在 20 世纪 70 年代和 80 年代，校长的角色从内部（领导该复杂组织）转向了外部。"（Darden & Duderstadt，2009：2）

最后，由于大学是（也被视为）一个特殊的道德机构，它会因任何错误的举动受到基于基本道德层面的攻击，例如薪资过高、个人行为不当、学费大幅上涨、校园暴力，这些通常由媒体和愤怒的公民、纳税人、政府官员这些群体指出。哈佛大学前院长亨利·罗索夫斯基（Henry Rosovsky）曾试图准确描述这一普遍现象，将所有这些支持者群体和团体描述为"主人"（1990）。另外一些人则说他们是多元利益相关者。这两种说法都是正确的，但我会进一步阐释这些术语，并提到大量真实和潜在的群体。当大学的某一情况激起了他们的情绪时，他们会不定期地采取行动，而且这些行动通常充满激情。

几年前，加州大学伯克利分校校长成立了一个由行政管理者和教师组成的特别委员会，该委员会被命名为"突发事件委员会"，以应对学校在2002年至2003年处理非典疫情而引发的公共关系危机。出于公共卫生原因，学校取消了东亚学生的暑期课程，但这些国家的大学和政界人士抨击这一行为是给东亚学生一记麻木不仁的文化"耳光"。这一事态也引发了美国亚裔校友团体的对立情绪，其中一些是该校的重要捐助者。该委员会旨在分析学校突发事件发生的时机，并在可能的情况下判断和预测即将发生的校园突发事件。这是一个临时委员会，但在其存续期间，我作为委员曾从理论和历史视角着手写了一篇关于过去四十年里"伯克利突发事件"的文章。在思考这个问题时，我对"突发事件"（这一术语也可指"政治危机"）的定义大致如下："一个事件或情况，其发生与群体的特定社会背景有关，这些群体对大学行为方式的规范有明确或隐含的期待。"（Smelser，2010：82）危机产生的实际过程大致如下："关于谁应该上大学、应该教什么、大学的社会义务和正确的决策方式，不同的利益相关支持者群体有自己的说法和表述。"（Birnbaum & Shushok，2001：74-75）如果两个或两个以上的支持者群体在同一问题上发生冲突，危机就会变得更加严重。无论做出什么决定、采取怎样的行动,甚至是妥协,这种情况都会给行政管理者带来一个更为复杂的冲突局面,他们随后面临着与某个或多个群体疏离的可能性。

从当代大量关于校长和高等教育管理的文献中可以总结出几个主旨,其中大部分文献是由久经沙场、伤痕累累的前校长撰写的。可想而知,由于大学规模、复杂性和外部资助来源的不断增长,校长在大学里要做的事情更多,因而领导和管理工作的难度更大。调查显示,校长花在处理校园危机、筹款和管理上的时间比花在学术事务上的时间更多(American Council on Education,2007)。另外还有一个主旨,这个主旨常常伴随着哀叹的声音,哀叹过去真正伟大的政治家已不复存在,如哈佛大学的埃里奥特(Eliot)、哥伦比亚大学的巴特勒(Butler)、耶鲁大学的布鲁斯特(Brewster)、加州大学的克尔。现任领导人更擅长管理而非做校长,他们没有阐明大学的宏伟愿景,也没有就当今的政治和道德问题发表深刻的见解。这些主旨还包括校长"对不同的人扮演不同的角色",投入全部时间去追求和取悦潜在的资助者,投入大量时间来预防、抵御和管理危机,以及当大学受到批评时为大学辩护。纳尔逊(Nelson)对校长提出的"关键问题"是:"他们……能否为其大学和大学支持者群体确定、明智地定义,以及公开地阐明一个关乎教育、哲学和道德的中心并促使人们就这个中心达成共识?"(2007:xxvi)虽然这些文献有时显得混乱,却是正确的。我认为领导角色的分化对我所指出的增累的后果产生了直接作用,之所以不愿(除少数情况外)就重大问题发表意见,首先是因为这些问题中有许多存在争议,其次是因为相关利益支持者群体人数众多,形形色色。几乎任何有力的、一般性的声明都有可能冒犯某些群体。一位前校长直接说:"你可能会在任何时候、从任何地方受到众多支持者群体中任何一个的攻击。"(Flawn,1990:xi)你们可以从下面的类比中选择一个,因为所有这些类比都是正确的：还有更多的羽毛会竖起①，更多脚趾等着去踩②，更多鸡蛋得从上面走过③，更多郁金香得踮着脚尖穿过④。通常来讲，与其理直气壮地说出自己的想法，不如什么也不说，或者干脆说些好听的奉承话。我所描述的这种胆怯的增强与其说是由于领导人的个性改变或缺点，不如说是由于影响他们所领导的大学结构的环境改变了。最后，我把校长任期的持续缩短（Padilla，2004）视为更多、更复杂、更严苛的支持者群体演变的一种表现。

### （五）对共同治理的影响

众所周知，自治（现在演变为"共同治理"）被大学教师视为其最宝贵的遗产之一。这也是一个关于其神话般过去的话题；凯勒（Keller）提到了一个关于教师的神话，"在美国历史上曾经有一个伊甸园时代，当时大多数校园都存在教师掌管事务和雅典式自治的情况"（1983：31）。"共同治理"一词仍然是教师影响力和权力主张的主要合法化标志。

我对教师参与和共同治理的总体评价与我已故的同事马丁·特罗（Martin Trow）一致。他认为，尽管各类院校在治理结构和流程上存在巨大差异，但"在一流大学的学术评议会和委员会中，仍然有在学术上活跃的、重要的学者和科学家自愿参与协商管理，且大部分不求回报"（1990：105）。他还认为教师治理所带来的影响大多是积极的。我想补充一点，其价值很大程度上源于这一事实——教

---

① **译者注**：英语原文是"more feathers to be ruffled"，英语习语"ruffle sb's feathers"意思是"激怒、惹恼某人"。

② **译者注**：英语原文是"more toes waiting to be stepped on"，英语习语"step on sb's toes"意思是"激怒、冒犯某人"。

③ **译者注**：英语原文是"more eggs that have to be walked on"，英语习语"walk on eggs"意思是"小心翼翼、如履薄冰"。

④ **译者注**：英语原文是"more tulip fields through which one must tiptoe"，英语习语"tiptoe through tulip fields"意思是"小心翼翼、如履薄冰"。

师的声音是大学的良知,是肯定教师治理的基本价值最有力的依据。

尽管教师治理十分重要,但在过去几十年中,它在一定程度上已日渐式微、效率低下。下面的描述虽然有些夸张,却指出了其典型问题:

> 参加学术评议会和委员会评议的教师人数通常少于符合资格的人数。此外,参会人员中频频出现同样的面孔,其中很少有校内最成功的学者和教师。教师们逐渐认为治理活动是政客们的职责范围,而政客们只为自己说话,因此就会造成与教师间离心离德。同时,行政管理者中也有逢场作戏的表现。出于规章制度或政治策略的需要,他们进行协同决策只是走个过场,但并不尊重这些过程,对此也不在意,只要能达到表面一团和气就行。(Weingartner,1996:21)

鉴于这些描述有可取之处,我认为导致共同治理产生转变和衰败的主要趋势如下:

- 全职的行政管理者持续增加,他们更多关注或者唯一关注的是管理。过去几十年来,合议参与和官僚形式主义之间已逐步朝着对官僚形式主义有利的方向发展,官僚形式主义逐渐成为主要的治理原则,这一点似乎不言而喻。
- 这些管理类别的人员发现众多支持者群体的参与是他们工作的必要部分。特别是持续不断和强制性的教师咨询(通常是例行公事),对于行政管理者来说是获得教师长期支持的必要条件;行政管理者面临教师最具杀伤力的指责之一就是"没有人咨询过我们"。因此,教师通常将参与治理视为一种神圣的权利,而行政管理者通常认为这是一个必不可少的麻烦。

- 越来越多的行政管理者是从非教职人员中聘用的，他们通常有管理背景，这造成大学教师与行政管理层之间更大的文化距离和对立。这只会加深人们的成见，使人们认为行政管理者是心胸狭窄的笨蛋，教师是被宠坏的、傲慢的捣乱者。
- 参与教师治理往往出于自愿，而且十分耗时。一些高级别的教师管理职位可以获得教学工作量减免的特权和津贴，但大多数职位都没有。
- 当从事研究和发表文章、高端咨询、争取奖项和其他奖励等活动比学术评议会工作更为有趣、回报更大时，教师加入这个志愿管理队伍的成本会更高。
- 对教师多方面相互冲突的要求以及校历安排会大大拖延教师参与治理的进程，并使其效率低下。教师要授课，对学生进行口头考试，参加学术会议以及进行咨询，他们也不愿把会议安排在暑假、寒假、春假和感恩节假期。因此，教师参与委员会工作的节奏极为缓慢，而同时行政官员感到这些工作更为紧迫。另外，当学术评议会组建或合并为多校区的组织与多校区的行政管理部门进行共同治理时，它们的进程似乎变得更加迟缓。

所有这些趋势都是逐步累积起来的，很大程度上还没有得到人们的关注，人们也几乎没有在改革方面做出什么努力。这种僵局的形成是因为大学教师因循守旧、心怀妒意且猜忌多疑，也是因为行政管理者知道在教师治理方面采取主动行动无异于踏入雷区。鉴于共同治理的价值、必要性及其越来越糟糕的现状，我认为唯一正确的做法是让行政管理层和教师开诚布公地直面彼此的价值观、挫折感，说明在共同治理中有效或无效的做法，共同诊断问题、努力找出短板，并尝试彻底改革和精简陈旧的机构。

## 五、增累和学术分层

之前我提到美国大学产生了新的教学和科研人员类别，他们附属于那些"当权"的终身教职教师，并被降为二等公民。现在我又回到这个主题，并将其与增累过程更为具体地联系起来。

首先要指出一点，大学在产生不平等类别方面具有非凡的创造力，可能是所有机构中在这方面技艺最高超的，这种情况就是"只要你说得出来，我们都能给它划分等级"。比彻（Becher）指出，"大学生活的一个显著特征是几乎所有方面都以不同程度的微妙方式划分了等级"（1989：56）。这句话具有讽刺意味，因为许多高等教育的倡导者和捍卫者都强调高等教育要与民主价值观保持一致并使之得到提高。尽管具有讽刺意味，这种趋势还是普遍存在。在教授级别中，我们有代理助理教授（acting assistant professor）、助理教授（assistant professor）、副教授（associate professor）（包括终身和非终身教职的）、正教授（full professor），另外还有冠名讲座教授（named chair）和校级教授（university professor）——一张从学徒身份到声名显赫的地位图谱，其中"星辰"排在"朽木"之上（Gumport，1991）。采用论文形式考试的教师对采用"选择题考试"的那帮教师嗤之以鼻。一些"主流"专业系的教师看不起那些在体育、民族研究或同性恋研究领域从事教学的教师（D'Augelli，1991）。部分文科教师看不起专业学院的同事，认为他们没有真正体现学术性和知识性（Duderstadt，2000：106）。各学院（如医学院、法学院、商学院）力求制定单独的工资表，这反映了市场需求，但也创造了新的等级。在专业系和学科内，每个教师努力争取在不同方面的好处——职级、薪水、委员会分派工作量的减免、教学工作量、研究生与本科教学,其中没有哪一项能完全代表社会地位,但所有这些都意味着地位、优势以及津贴和影响力的差异。即使在非终身教职教师中,全职和兼职教师之间、负责学分课程和非学分课程的教师之间以及负责"转学"课程和"职业"课程的教师之间也存在地位差异(Kemperer,1991)。最后,等级制度为人们无休止地争夺重要职位提供了舞台。布尔迪厄(Bourdieu)曾这样说:"大学是为确定合法成员资格和合法等级制度的条件及标准而争斗的场所。"(1988:11)

在下面的讨论中,我要考察与增累密切相关的另外三个方面的分层——高校的声望分层、多校区体系中分层的特殊问题以及专业系和学科中的分层。

## (一)高校的声望

高校的总体声望排名和高校本身一样历史久远。就美国而言,它们分为若干类,如历史悠久的私立大学(尤其是常青藤大学,但后来也包括芝加哥大学、斯坦福大学、麻省理工学院和加州理工学院)、各州的旗舰大学(其中一些与主要私立大学竞争声望)、四年制私立文理学院,如斯沃斯莫尔学院(Swarthmore College)、卡尔顿学院(Carleton College)和欧柏林学院(Oberlin College)等。排名历史上的一个关键时刻是美国大学协会(Association of American Universities,AAU)的成立,该协会成员包括当时顶尖的私立和公立院校。尽管美国大学协会成员已经发展到大约60所高校,但该协会仍是大学地位的象征。甚至连卡内基高等院校分类标准[①]这一原本

---

① 译者注:卡内基高等院校分类标准(Carnegie Classification of Universities and Colleges)于1970年由美国卡内基高等教育委员会制定。1975年新英格兰地区高等教育委员会对其略加修改后采用,之后逐渐为美国其他地区所接受。

用来划分高校类别的手段现在也演变成那些积极进取的高校的"声望衡量尺"（Brewer et al.，2002：47），一些高校在努力改变其分类地位。州立大学和社区大学也在争取各自的地位和声誉。

研究型大学正式、公开的排名始于近一个世纪前休斯（Hughes，1925）的研究，并历经各种更为详尽的排名而得以发展，如今有了国家科学研究委员会（National Research Council）的排名（Ostriker & Kuh，2003）。最近，大学国际排名体系不断发展，最引人注目的是上海交通大学和《泰晤士报高等教育增刊》（*The Times Higher Education Supplement*）的排名。虽然排名标准不断涌现，但最主要还是看研究水平和研究生培养的质量。我注意到这些定期排名系统有几个特点：

- 行政管理者和教师对排名系统有敏锐意识。他们密切关注排名，引用时有所选择、摇摆不定。据说，当排名出来时，有20%的高校会举办酒会庆祝，剩下的80%则会批评其排名方法。我认为造成这种反差的原因是，大学对于捐助者、立法支持、研究资金和入学人数的争夺极不稳定但又尤为重要，在这种情形下这些排名成为真实直观、简单明了但又容易获取的符号。这是一个普遍原则：重要性加模糊性会产生简化的符号，简化的符号继而又成为现实。最后，这些具化的符号也让人们既爱又恨。综合所有这些特征就能解释为什么"抱怨排名、哀叹其受欢迎程度会减缓其发展、降低其吸引力的想法是不现实的"（Wildawsky，2010：245）。有一件轶事证实了这点：几十年前，我担任加州大学圣克鲁兹分校（the University of California at Santa Cruz）社会学研究委员会一个外部评估小组的主席，作为评估的一部分，我要与教师会面。有一次，有位教师要求我就圣克鲁兹分校社会学在全国的排名给出自己的看法。我一开始没有上钩，拒绝回答，但越来越多的人要求我发表意见，场面一度变得嘈杂，我最终屈服了，说在我看来很难想象圣克鲁兹在当时能排进前36名。我以为这是一个经过思考、真诚实在，甚至十分大方的回答，但我几乎两次被赶出校园，第一次是因为我没有说，第二次是因为我说出来了。

• 这些排名在方法上经不起推敲，主要因为：它们高度依赖声誉调查（一种并不全面、存在问题的衡量标准）；关注学科本身而几乎没有衡量跨学科的工作，因而忽视了跨学科的工作；光环效应作用（据说哈佛大学有一些并不存在的专业系得到了很高的评级）；不同的衡量标准在排名上产生了非常不同的结果，利益相关方可以选择性地读取。任何高校都能找到某些排名高于其他学校的地方。此外，简单改变一下排名方法就会产生异常的结果。仅举一个例子，2007年《泰晤士报高等教育增刊》上排名方法的一些变化"导致斯坦福大学从第6位下降到第19位，墨西哥国立大学从第74位骤降至第192位，新加坡国立大学从第19位降至第33位"（Wildawsky，2010：226）。

• 这些调查为高校相互仿效和追赶提供具体、长期的参考。哈佛大学、耶鲁大学、普林斯顿大学、加州大学伯克利分校、密歇根大学和斯坦福大学对彼此都极为关注；艾奥瓦大学关注密歇根大学和威斯康星大学；俄克拉何马大学关注得克萨斯大学；加州大学其他分校则关注伯克利分校、洛杉矶分校和圣地亚哥分校。斯沃斯莫尔学院（Swarthmore College）、莎拉·劳伦斯学院（Sarah Lawrence College）、韦尔斯利学院（Wellesley College）和史密斯学院（Smith College）

则相互关注。

- 最后，我们观察到高校的声望排名带有某种讽刺意味。随着时间的推移，排名异常稳定。纵观排名历史，我们可以看到高校排名的起起伏伏，如加州大学圣地亚哥分校、斯坦福大学、西北大学、约翰·霍普金斯大学、克拉克大学，然而总体情况是领先的大学继续保持领先，其他大学在后面追赶。这体现了排名的稳定性，但这似乎并没有抑制那些想要提升排名的学校的竞争动力（Tuchman，2009）。我们可将这一幕称为悲剧，也可称为喜剧。

我们再回到要点：20世纪大学增累的三大来源是基金会的慈善活动、联邦机构的定向研究资助以及大学企业的投资和合作。这些外部资源的活动巩固（提升并夸大）了高校的排名。富有的高校越来越富有，它们在研究资助分配中占主导地位，其原因由于资助来源不同而有所差异，但大体相似。基金会希望它们的捐赠产生最大的影响，因此选择有重大影响力的高校；虽然有一些均分项目，但都远不及这一主导原则。联邦资助授予机构积极主动地确保基金会的捐赠质量，此举也有助于维护自身声誉。在这些因素以及专家同行评议的引导下，联邦资助也会投向最具声望的研究型院校，这些同行评议专家既被要求质量，同时自身也倾向于强调质量。有人注意到一些相反的做法，例如一些政府领导人和政客努力确保其所在地区和州的院校得到专项研究资助，我们可以称之为"智力分肥"，但这些因素是次要的（Rosenzweig，1998：41）。最后，工商业在其创新和市场地位的竞争中追求投资效益最大化，这一单纯动机使得它们更青睐于顶尖院校。所有这些因素也让那些想努力提高排名的院校感到沮丧，但这似乎并没有削弱它们想要获得资助、认可和地位的动力。

对高校声望的关注已经延伸到本科院校和专业的排名中，或许人们对此热情更高。这些排名比总体研究和研究生培养排名更受欢迎，因为它们刊登在杂志上（尤其是始于 1983 年并在随后扩展的著名的《美国新闻和世界报道》(U. S. News and World Report)的排名）以及大量出版的手册和指南中。最新《美国新闻和世界报道》的《终极大学指南》(Ultimate College Guide)（2011）共有 1760 页，囊括数百所院校在 11 个关键因子上的排名和对专业的讨论，结尾处还有留作笔记的附加页。同样，这些排名历来既令人着迷又饱受攻击。令人着迷由多种因素决定和驱动：父母和孩子对排名过分关注，父母对孩子满怀期待，孩子也对未来抱有雄心壮志，二者都知道大学教育的"附加值"，也知道名牌大学的学位会有更大的价值；中学尤其是私立中学会根据它们毕业生所上大学的排名位置来努力提高声望和增强招生能力；大学自身也看到了其声望排名在招生方面所带来的好处；排名发布方的报告会热销；雇主在招聘人才时也会不断寻找大学排名这样明确的依据。尽管人们仍在指责排名不准确、方法存在缺陷，但排名对所有这些群体来说仍是一种便捷的手段，并迫使人们关注。排名的发布方在面对批评时会不断完善自己的方法，以此增强其可信度（Wildawsky，2010）。

### (二) 多校区体系和分层

多校区体系的发展是 20 世纪后半叶高校体制发展的重要方面之一，这是由几种因素共同推动的。① 州立高等教育在第二次世界大战后的繁荣时期迎来了巨大增长，此外扩大州的旗舰大学招生人数的战略也有明显的局限性（罗马大学——当时仍是一个很大的单一校区——这一模式对美国而言一直不可行）。有些旗舰大学的确大幅扩大了招生人数（如明尼苏达大学和俄亥俄州立大学），另外一些大学（如加州大学）对一些校区的招生人数设置了上限，而依赖于其他现有校区的扩招和新校区的创建来增加招生人数。②因为公立性质的分校在某些重要方面依赖于相同的一般性资助来源（主要是州政府，但也有一些地方政府），所以调节资源竞争的压力变得更加突出（尤其是在预算困难时期），协调问题（如没必要的重复项目以及应对竞争性需求）也变得更加紧迫。多校区体系作为单个校园体系和州政府之间的一种折中形式而兴起，并成为解决这些新的急切需求的首选制度方案。尽管不同类别高校的包容性、治理模式以及从州获取的自治程度极为不同（Johnstone，1999），但是多校区体系还是得到了广泛运用，到20世纪末，全国80%的学生都就读于多校区体系的高校（Gaither，1999）。我从其中的多个方面选择了几个高校分层的问题，这些问题出现于该体系之中并十分突出。

多校区体系中的分层和竞争因素呈现出不同形式。对于那些拥有众多类别院校（如研究型大学、四年制大学、社区大学）的多校区体系来说（如得克萨斯州和纽约的），这些因素在某一方面影响甚微，因为在许多领域，根据法律和政策这类院校不能争取某些项目，例如博士项目和专业学院，法律政策只允许少数院校拥有这些项目。尽管如此，竞争在其他方面仍然存在，尤其是在州资源的分配上。另外，这些不同类型的院校之间的协调更为困难，因为它们特点各异，所以统一的政策更难达成。

当多校区体系只包括一个层次时（如加利福尼亚州有研究型大学、州立大学和社区大学的独立体系），该体系中的各个校区在功能上就具有可比性。多校区体系中各层次之间的排名是相互比较而来的（参见上文15—17页），而在一个层次内的各个校区还可以根据不同的历史、过往成就以及所受支持程度的差异进行排名。在多校区体系中，竞争形式别具一格。那些公认声望最高的分校（通常为旗舰型和一些历史悠久的校区）往往从优秀文化价值的角度进行论证；

那些层次较低的分校往往从平等、公平和公民权利共性的文化价值角度进行论证。顶尖的分校努力保持优势和现有资源，其他分校则争取新的项目和设施以提高其地位和质量，这不可避免会带来压力，产生更多增累，因为它们总有一种相对剥夺感。据报道，加州大学欧文分校（University of California, Irvine）的前任校长杰克·佩尔塔森（Jack Peltason）曾开玩笑说："如果加州大学洛杉矶分校（UCLA）的校长查克·杨（Chuck Young）有一个棒棒糖，我也想要一个和他一样的棒棒糖。"此外，大学分校竞争的结果依赖于校长的说服力和政治影响力，同样也依赖于大学合理的组织运筹。

另一个关于多校区体系中心的评论是合适的。由于多校区体系中心通常与所管辖的各个分校相距较远，与分校的紧急需求有所不同，它通常被认为既会帮助又会干扰分校，因此，多校区体系中心在文化上处于不利地位。毕竟学生所申请的大学是有具体位置的分校；学生在分校里生活并建立对分校的情感和忠诚；学生也从分校毕业并以校友的身份对分校进行捐赠。教师对大学的忠诚度可能已大大减弱，且这种忠诚也仅停留在分校层面。

多校区体系组织机构没有学生或者教师，只有行政管理者，人们总是对他们充满矛盾心理。一位经验丰富的评论员大胆地提出这样的观点："多校区体系的校长职位是高校校长职位中最不稳定的，而且往往也是最不讨人喜欢的首席执行官职位。"（Kaufman，1993：128）关于他们的浪漫故事和充满伤感的传说很少或根本没有。很难用一些概括性的可接受的符号来描述他们，把多校区体系看作"一所大学"或"一所单个的大学"的概念对于各分校来说是不准确的，往好里说可能是捉弄人的荒诞说法，往坏里说可能是对影响力和权力不正当的主张。多校区体系中心的工作通常被认为对分校校园生活有帮助和促进作用，它负责直接与董事会和政府机构打交道，承受不可避免的政治压力，但若是没做好这些工作也会受到指责。同样，它通常也被认为是对分校区校园活动的一种干涉和重复。多校区体系中心在组织结构上不可或缺而在文化上却不合常规，这似乎是其本质。

### (三) 学科的声望

学科之间的竞争在以下许多情形都会产生：

• 在大学内部。专业系将声望的价值最大化（Balderston, 1974），它们经常引用全国排名和由此带来的研究资助力度向院长和更高级别的行政管理者强调其价值、重要性和优先地位，尤其是在预算编制时期（Pfeffer & Slancik, 1974）。它们也可能贬低竞争对手的价值。

• 在相关群体中，把学科的价值作为一个知识型实体来更广泛地加以理解，有助于向基金会和政府资助授予机构寻求资金，也有助于入选荣誉团体名册，如美国哲学学会和古根海姆基金会。

• 在学科间。卢瑟福勋爵（Lord Rutherford）曾说："一切科学要么是物理学，要么是集邮术。"（引自 Duderstadt, 2000: 123）在我最了解的社会科学中，学科地位的获得通常基于该学科与自然科学的某种看法之间有多大程度的科学关系。心理学以其科学的实验主义享有盛誉，而经济学则凭借其严谨的理论结构及对数学和定量分析的强调获得应有地位。根据这些标准，其他社会科学似乎"更软"，但它们推崇的是其更为"现实主义"的一面。由此，在学科内部，实验心理学胜过临床心理学、人格心理学，尤其是人本主义心理学；计量经济学胜过劳动经济学和发展经济学；在社会学中，人口统计学相对家庭社会学和教育社会学来说更强调其严谨性。对于局外人来说，所有这些都似乎只是争夺地位的休闲游戏，但它们直接或间接地关系到大学内部的斗争、对资源的争夺、政治话语权以及整体尊严。

过去半个世纪以来，由基金会、联邦政府和业界活动带来的增累对学科和学科类别的福祉及地位有着深远影响。回想起来，它们对大学的资助主要受到战争和其他形式的军事竞争、国际经济竞争以及人口健康因素的推动。自然科学、生命科学、工程学、计算机和信息科学都得到了联邦政府资助授予机构最大的资助。许多私人基金会将健康和环境这两个强调科学与技术的问题提上首要议程。与企业的联系为生物医学和生物工程学带来了好处。与自然科学和生命科学相比，社会科学获得的资助一直比较匮乏，但它们也有所受益。国家科学基金会为其许多学科提供了数额较小的资助项目，许多基金会和政府机构（如司法部、劳工部、卫生与公共服务部）都强调社会问题以及处理这些问题所需的社会知识。一直以来真正的受害者是人文学科（有关极端的卡珊德拉式观点，参见 Readings，1996）。人文学科在历史上已经受到一定程度的轻视，除了如梅隆基金会（Mellon Foundation）这样个别明显的例外，它们没有引起私人基金会的注意，没有体现在联邦政府的军事、国防和环境研究支出中，不得不依赖规模小得多、资助极不稳定、易受政治影响的国家人文基金会（National Endowment for the Humanities）和国家艺术基金会（National Endowment for the Arts）。

这种资助上的差距使接受资助的高校内部的资源、社会地位和影响力发生了重大变化。教师工资收入及福利进一步向自然科学学科和一些专业学院倾斜（Engell & Dangerfield，2005），诸如教学减免、暑期工资、研究助理、博士后项目和旅游基金等。行政管理者们重视并青睐那些能够带来大量经费和管理费用的大型科研院所。无论是从相对角度还是从绝对角度来说，所有这些都意味着自然学科可以大快朵颐，社会学科实现基本温饱，人文学科则只能忍饥挨饿。除这些影响外，几十年来人文学科的大学专业相对于计算机科学、商科和环境研究等更实用并且职业性更强的专业急剧衰落（Hacker & Dreifus，2010），我们能真正体会到"人文学科危机"这一预言的真实性。最近几位学者在《今日牛津》（*Oxford Today*）上宣称这将成为"全球性危机"（Nussbaum，2011；Bate，2011；Blakemore，2011）。此外，这些发展变化证实了人们的担忧——在所有相关知识领域追求和传授真理的"大学理念"，在过去半个世纪中由于这些发展变化而受到严重冲击。诚然，组织惰性依然存在，各高校一直不愿直接"砍掉"那些规模较小、举步维艰的专业系，它们继续资助人文学科，但人文学科的整体衰落局面是真实而严峻的。人文学科对其衰落和贫穷愤愤不平，而"财大气粗"的学科有时对人文学科的补贴也怨声载道。

大学学术政治无法逃避这些变化产生的影响。那些有更大能力为大学带来资源的人势必要在一直渴求资源的行政管理者面前获得更大发言权。那些在大学所谓"平等相处"的文化中饱受资源匮乏、地位低下的人往往会变得十分激进。半个世纪前，克尔隐晦地称"科学家富裕，人文学者好斗"（1963：60）。不止一位评论家（如Zemsky，Wegner & Massy，2005）注意到，在反对高等教育被商业化、市场化、管理主义和金钱所摧毁的一系列抗议中，人文学者的声音最具代表性，也最响亮。

这些政治上的反应是可以理解的，它们体现了那些认为自己所在领域穷困潦倒、不断萎缩的人们的疏离感和对过去的追忆。我还推测，这些变化的影响已经蔓延到更为纯粹的学术领域。20世纪80年代，在解构主义和后现代主义的主题下出现了一系列相互关联的知识分子的运动（概括性资料参见 Zima，2002）。这场知识分子运动有许多方面，但我要指出其中一点：其主旨明显是反科学的。这一点是建构主义的核心，即抽象实体（如自我这一概念）和归纳性的（包括科学的）解释都是虚假的，因为它们都涉及本质主义的谬论。事实上，有人认为它们是集体建构的，往往为社会上强权者的利益服务。科学作为建构的主题成为反后现代主义者的笑柄：后现代主义者拒绝修车，因为损坏的化油器就是一种社会建构；后现代主义者会从三十楼高的窗子跳出去证明重力原理也是一种社会建构。这些都是不友好的讽刺，但后现代主义主旨的一般特征之一是一种激进的认识论上的相对主义，在思想上是反科学和反归纳性的。

后现代主义思潮的传播影响也的确存在差异。它尤其引起了诸如语言研究、英语和历史领域的人文学者的注意。在社会科学中，它影响了那些通常被视为"软学科"的分支，如文化人类学、科学史、性别和女性主义研究，这些领域在"科学性"上没有那么硬性的要求。实验心理学家和经济学家几乎没有注意到这一运动，更不用说自然科学家了，即使他们注意到了，也通常认为这是反实证主义的无稽之谈。对于这一解释，我承认这些想法是我自己的推测。但我也要补充一点，后现代主义故弄玄虚的语言对包括支持这场运动的人文学者在内的那些人来说没有什么帮助，因为人们通常认为后现代主义者虚无主义至上，难以理解。（问："把黑手党特工和后现代主义者结合会得到什么？"答："你会得到一个难以理解的提议。"① ）我想在这轻松的语气上加上一个严肃但有争议的学术结论。毕竟，后现代主义运动的思想价值必须根据其自身的思想来决定，

---

① **译者注**：这个问答的含义是黑手党特工和后现代主义者都会给人提议，黑手党特工的提议往往是无法拒绝的，后现代主义者的提议往往是难以理解的，而回答中说两者的结合会产生一个难以理解的提议，是在讽刺后现代主义者的观点和思想晦涩难懂。

虽然从长远来看，我个人认为在思想成果方面这场运动是一个死胡同。但是，学科之间的不平等日益加剧，学科也会对这些不平等做出反应，在这一背景下，这一运动及人们对它的反应显然也是可以理解的。

# 第三章

## 当代趋势：诊断和条件预测

> 美国高等教育有麻烦，而且是大麻烦。
>
> ——罗森斯通（Rosenstone，2005）

在第一章中，我就高等教育机构（重点是综合性大学）如何随着时间的推移而变化提出了一个总体、系统却十分独特的观点。在第二章中，我从这一观点出发，追溯了尽可能多的影响，包括对成本、行政管理、冲突、政治过程和分层的影响。在本章中我将进一步评估近来的趋势以及它们对未来的预示，不过是在过去已经确立的条件下进行评估。关于这些趋势与结构增累（前两章的中心主题）的关系，本章将描述一个复杂的情况：有些趋势（如远程教育的发展）在过去的增累基础上有所增加；有些趋势（如财政困难）变得更为严重，因为它们正在过去的增累逐步形成的结构背景下发展；还有一些趋势（如教师工会主义）受多种因素影响，只有部分与增累过程相关。

本章的内容最为大胆，有两个原因：① 对当前发展变化的本质、意义和深度的讨论存在很大分歧；② 许多条件都会对未来产生影响，我们无法对大部分条件做出准确推测。然而我可以肯定地说，尽管我对这些诊断和解决方案持怀疑态度，但我既不是乐观的邦葛罗斯，也不是悲观的卡珊德拉。

# 一、一场前所未有的完美风暴

尽管有上述声明，我还是首先确定一系列发展变化，它们正在制造一场某些人（如 Wadsworth，2005）所描述的完美风暴——各种不利趋势的汇聚。这场完美风暴对高校大多数传统及理想往小里说造成了衰落和侵蚀，往大里说造成了毁灭。简而言之，这些趋势如下：

- 全球竞争加剧以及国家和世界经济陷入困境，其持续时间我们还不得而知。对我们国家来说，这意味着经济危机和停滞、失业以及收入分配的倒退。所有院校和项目似乎都面临着压力，高校比以往任何时候都需要为国家在全球经济中的竞争力做出贡献。

- 尽管受到"第三次学生浪潮"的冲击，各州仍在加速大幅削减对教育的支出。这些削减在很大程度上由上述经济因素造成，但由于其他经费申请者的政治呼声（这些都是比高等教育更强大的政治支持者群体）以及纳税人的抗议或这些抗议带来的威胁所产生的削减效应，这些削减程度更为严重。此外，各州削减高等教育支出的做法更容易找到理由，因为由此带来的负面影响在下一次选举之后才会显现出来（参见上文56页）。相对于私立院校，这些变化对公立院校的影响更大，并加剧了它们的困境。公立院校主要通过提高学杂费来应对，但这会引起学生和家长的恐慌，还会激起公众的愤怒。

- 十年来发生了两次灾难性的衰退——2001—2002年的互联网公司崩溃和2008年的金融崩溃，最初私立院校受到的打击尤为严重，但最终所有院校都遭受了重大损失。

- 限制或减少高等教育中少数族裔和贫困学生的因素持续存在：在没有充分补偿的情况下增加学费，教育贷款的负担，在中小学学业准备上的差距，在产生必需的"文化资本"方面的家庭和阶级差异以及直接或间接挫伤弱势群体的校园氛围。我们还看到收入分配方面"中间阶层受到挤压"的现象，他们拥有的资源更少了，得到的补偿也更少了。

- 长期以来，所有高校都以牺牲人文教育为代价，转向职业主义，包括以远程教育为主的营利性院校的迅猛崛起，这部分归因于新科技和工作的需要、全球经济竞争对手以及这些竞争对手毫不犹豫地投身技术和技术培训的咄咄逼人的做法，这些因素无疑也加剧了这一趋势。
- 高校与产业日益加强研究合作使教师在科研选择上出现了偏差，扭曲了学术价值观，产生了利益冲突，进一步导致了高校腐败。
- 高校向商业化企业转变，在各领域为生存而战，挤占了学术上的投入，并造就了一个以消费主义、效率、精简和形象宣传为价值观驱动的管理阶层。
- 持续不断地对高校进行多方面的问责，进一步破坏了它们传统上的自治。
- 在线远程学习的兴起是对传统教育形式的一种威胁，而且以基于计算机学习的职业院校为主的营利性院校也同时兴起。
- 临时的全职和兼职教师数量长期急剧增长，产生了庞大的学术无产阶级，并因那些被保护阶层受到冲击而威胁到终身教职制和学术自由。

此外，由于这些破坏因素持续不断，许多过程似乎不可逆转。虽然我不低估这些因素，也赞同某些诊断，但我并不赞同极端悲观主义。在本章的余下部分，我将更为详细地考虑影响这场风暴的一些因素——预算威胁和问责、商业化、远程教育和营利性院校的兴起、非终身教职和兼职教师数量的增长。

## 二、徒劳的悖论：资源不足、问责及治理

在 20 世纪 80 年代的十年中，一些趋势开始出现或趋于一致，所有这些趋势共同对高等教育产生了不利影响。综合考虑，它们使高等教育体系进入了一个尚未被完全正视的冲突过程。我认为主要趋势如下：

- 传统学生（18—24 岁人群）的数量减少，而非传统学生（年龄较大、少数族裔、女性）的数量继续保持长期上升趋势。大部分增长都被社区大学和四年制院校吸纳，后来又被爆炸式增长的营利性远程教育院校消化。在很大程度上，这些都是为了适应就业市场的变化，为新的服务岗位提供新的培训路径。
- 20 世纪 70 年代，在斯普特尼克-范内瓦·布什时代的美好时光之后，一直持平或偶尔下降的联邦研究资助力度开始持续下降（Slaughter & Leslie, 1997），并在冷战结束后的 90 年代继续下降。
- 早在 20 世纪 70 年代，各州就开始质疑对它们高校的预算资助，这预示着随后公共资助呈现下降趋势，其加速下降的程度令人咋舌。1980 年，州对公立院校的资助占 50%，到 1995 年，这一比例已降至 45%，并且仍在逐年下降（Layzell & Caruthers, 1999），目前估计这一数字接近 25%（Lyell, 2009）。具有讽刺意味的是，"我们曾经由州资助，然后变成由州援助，现在我们只是位于该州内"。即使如此，现在 25% 的资助也还需要符合条件，因为许多院校已在其他国家设立了项目，如卡内基·梅隆大学

（Carnegie-Mellon）、纽约州立大学布法罗分校（SUNY-Buffalo）和加州大学圣地亚哥分校（UC San Diego）（Berdahl，2008）。

• 对州资助下降的主要反应是所有高校的年度学费相应开始呈上涨趋势，这在州资助的高校中表现得尤为明显。这意味着高校将教育资助的负担从税收产生的资金转移到了学生个人及其家庭。从学生助学金到学生贷款的"大转变"也会使学生在毕业后还要面对与上面类似的转变（Potter & Chickering，1991）。所有这些都给人带来这样一种普遍的感觉，即大学教育正从传统上的"公共利益"和社会团体的责任向"个人利益"的方向转变，家庭和学生进行投资以提高他们的经济利益（获得更好的工作）和在国家地位体系（证书体系）中获得更高的位置。

• 在更广泛的世界中，经济仍然存在问题，在20世纪80年代中期产生了严重的衰退。更为普遍的是，美国陷入了对国外经济竞争的恐慌，特别是来自日本的竞争。据称，日本当时正在努力成为"头号经济体"（Vogel，1979）。这一恐慌产生了几个相互关联的新变化，包括努力模仿日本文化和组织模式（特别是进行全面质量控制，但也包括其他做法），并针对美国企业和商学院的低效率进行了相应抨击（Cheit，1985）。这一恐慌也是政府鼓励产业与大学合作的一个因素（参见下文112—115页）。

• 对问责的兴趣已经凸显。1971年，一位作者将问责描述为美国教育行业的"流行词语"（Hartnett，1971：5）。这股力量在20世纪80年代和90年代引发了一场问责运动（有人称之为"问责狂潮"），对产业、联邦政府和州政府都造成了影响。这一运动还扩大了问责标准的范围，除了传统上注重的财务问责（按照预定用途使用资金）和法律问责（执行组织业务时遵守法律），还包括对整体绩效和组织效能的问责。

## （一）资助和成本转变的一般后果

从某种角度来看，资助和成本从公共支出向个人（消费者）支出的转变被认为是可取的。长期以来，公共教育被吹捧为社会的民主化影响力，为那些出身平庸的人提供了自我提升的机会；自平权行动开始及其各种表现形式显露以来，它也被视为社会正义的工具。与此同时，研究人员指出它对收入的影响在某种特定意义上是递减的。其论点是学生群体的构成即使是在公立院校中也"偏向"那些在父母收入（因而也在社会阶层）和文化资本积累方面更优越的学生。如果这些相对有利的学生得到了来自一般税收资金的资助，那么目前和未来收入方面较贫困的群体就是在对他们进行补贴，因此总体效果是递减的（关于这一论点的比较性证据及评价，参见 Shavit，Arum & Gamoran，2007）。如果我们接受这一论点，那么让条件优越的消费者为子女支付教育费用这一新兴模式似乎更为公平公正。

但这个论点只体现了其中的一部分。长期以来，高校将一定比例的资源用于为那些无力负担大学费用的学生提供奖学金。少数族裔学生的助学金和贷款也是同样的。几十年前，随着所有院校的学费开始大幅上涨，为低收入和少数族裔学生提供入学机会的问题也相应显露。应对这一趋势通常的做法是（由政府和高校）采取政策，以助学金和贷款的形式将越来越多的资金转移给低收入学生使其保持现状，否则其劣势将会扩大。这种模式不仅造成了"追赶"穷人劣势这样一个持续不断的问题，还使一些家庭处于不利地位，这些家庭没有贫穷到能够获得基于需求的经济资助，但又没有富裕到能够负担得起不断上涨的学费。这些变化的表征是担忧的转移，从 1980 年左右开始，人们对入学的担忧就转移到对负担能力的担忧上（Richardson & Hurley, 2005）。尽管如此，少数族裔的入学机会差异仍是一大问题。在 20 世纪 70 年代的平权行动期间，公众对这一问题的关注和高校对此的反应最为强烈。在随后的十年里，人们将对入学的关注转移到了对美国生产力和竞争力的恐慌，担忧高等教育能否担起提升美国生产力和竞争力的责任。后来，对于平权行动的"强烈抵制"——有几个州还采取了政治措施——使得这一问题的解决又遇到了挫折。最后，州的资助螺旋下降、个人成本螺旋上升，对少数族裔学生，特别是黑人、西班牙裔和美洲原住民，产生了不利影响。这一段历史的最终后果是少数族裔学生的入学机会欠缺仍然是高等教育经济学和政治学中的一个突出问题，而且在这一方面所取得的进展仍有可能出现倒退。

州资助的减少和费用的增加，叠加产生了另一个虽不太明显，但十分严重的后果。这与那些想送孩子上大学的家庭对高校好感的变化有关。每年学费的大幅增加直接产生了相对剥夺感。即便公立教育费用仍然低廉，在某种绝对意义上来说家长也能够负担得起，但教育的费用对他们的孩子来说还是越来越昂贵，他们的压力也越来越大。这种被剥夺感有一个常见后果，人们会责怪那些直接给他们带来如此感受的源头——那些正在提高学费的高校。这也使人们对实际存在的和想象中的办事低效、行政膨胀、浪费、态度懒散、不负责任，以及对高校行政管理者和教师的津贴、娱乐和闲适生活更为敏感，也产生了更多批评。这也意味着人们向立法委员和其他州政府官员抱怨这些高校的倾向更为强烈。面对费用的增长，学生们自身也会不时举行示威，对那些告诉他们明年必须支付高得多学费的校方表示抗议。这种抗议活动常常会让校方感到尴尬，尤其是当校方和校园警察镇压抗议者并造成冲突升级的时候。从某方面来说，家长的批评和学生的抗议相当于拿校方当出气筒，因为责任不在高校本身，高校也是预算减少的受害者。事实上，学生家长、学生和高校在这件事上利益相同——都想维持或增加州的资助并降低学费，但家长和学生的愤怒往往落在高校身上。

这种复杂的反应会产生恶性循环。系统、长期的资助削减迫使高校提高其收费金额，尤其是那些有较少替代收入来源（如有管理费用的联邦研究经费、基金会的资助和私人捐赠）的高校。这种削减还会对高校施加压力，要求它们在资源减少的条件下维持办学质量。然而，提高收费金额和节约开支会刺激到学生和家长消费者群体，如果他们支付更多费用，他们往往期望得到更多，而不是更少。然而，高校本身由于资助削减而相对贫困，如果继续提高收费金额，它们在政治上又更易受到攻击，因此它们几乎没有能力扭转外部资助的螺旋下降和学生成本的螺旋上升的这种趋势。这种"恶性"表现为成本增加、公众日益不满以及各州越来越关注提高质量和效率却同时减少对高校的资助，所有这些都导致了高校自治权的减少。

### （二）问责、治理及资助

大多数公立院校都是由各州建立和资助的，并最终对各州负责，即便它们可能享有高度的宪法或法定自主权，即便在管理方面相对于高校本身，中间还有董事会或受托人。许多人认为这些安排所产生的权力下放、多样性和高校自治的模式以及公立和私立院校独特的、具有竞争力的混合形式是美国高等教育发展和高质量的重要因素（如 Vest, 2005）。在这种独特的资助、治理和自治模式的背景下，我要着重指出另一种固有的恶性循环，它似乎正在削弱这种长期存在的模式的活力和可行性。

我提到了始于 20 世纪 80 年代并在 90 年代一直加速发展的问责运动，有评论人士认为"审计社会"出现了（Power，1997）。推动这一运动的因素包括：保持全球竞争优势的压力（Steedle，2010），对上涨速度几乎是通货膨胀两倍（Long，2010）的教育成本的担忧，以及对业界和政府绩效及问责的普遍担忧。这场运动的实质是"高校表明它们正在实现所陈述的教育任务和目标，而且表明它们所提供的支持性证据是客观、持续收集和上报的"（Hernon & Dugan，2004：xv）。问责意味着提高对绩效评估的要求，由被审计的高校提交报告，由州及其审计代理人直接和间接控制，以及被公开审计的高校丧失了自主权（独立性和内部问责）。虽然通常不这样说，但公共问责的增加同时也是对被审计高校政治信任的下降（Scott，2001）。

对高校的审计运动是一场国际性的运动，在英国和澳大利亚，其波及范围甚至比美国还广。为了与审计人员的科学严谨及官僚主义思维保持一致，这场运动要求在方法上必须使审计流程标准化、量化审计结果和以定量的术语来呈现这些测量数据，从而对被审计高校的个人和组织绩效做出精准描述。顺着问责这个逻辑思考下去，人们还认为可以根据审计结果从财政上奖励高校，从而在效率方面改善高校绩效。

审计运动在 20 世纪 90 年代加速发展（Gaither，Nedwek & Neal，1994）。首先，从学校的评估方法转变为绩效测量。此外，许多州立法机构主动根据这些绩效测量方法确立和实施评估。到 1992 年，三分之二的州通过决定，要求高校报告其绩效。到 1997 年，约有十个州将资助方案与绩效指标挂钩（El-Khawas，2005）。针对组织绩效采用了各种各样的测量指标：学生的 GRE 分数、毕业率、获得学位所需时间、就业率、对各州科学和工程领域的贡献以及学生满意度（Long，2010）。针对教师的绩效评估，其测量指标包括各类出版物的数量、引用率、著作权分配比例、所获资助的数量。顺带提一下，所有这些测量指标都突出了研究活动的数量，但鲜少强调其质量（Martin，2010）。

可想而知，对高校进行审计在得到热烈支持的同时也饱受批评（主要来自行政管理者和教师），在带来希望的同时也暴露了弱点。对其方法上的主要批评如下：

- 高校的目标过于笼统、目的繁多，因此无法准确衡量其目标是否实现。投入产出衡量方法将这一过程简化为一种"机械论"（Neal，1995）。特罗（Trow）对此评论道："教育是一个过程，却被当成结果，这就使得所有衡量教育结果的方法都站不住脚。"（Trow，1998：52）
- 有鉴于此，朝着客观的、"可测量的"、定量的效率指标进行下去是错误的；这样做对高校并不公平，扭曲了其内部的发展规律。
- 即使发现不同院校之间存在差异，例如毕业率或考试成绩的差异，也无法评估这些差异是由院校的教育"增值"还是其他原因造成的。它们很可能是学生的天赋异禀给学校带来的结果。如何对其他变量进行控制的问题给总体评价研究带来了困扰。
- 与此密切相关的是，从仿自然环境中获取的测量数据推断出精确的结果是很难的，甚至是不可能的（Hartnett，1971）。
- 高校已经受到了多个方面的问责，如认证机构、联邦资助授予机构和基金会、校董或受托人、协调委员会以及对其进行排名的"消费者指南"。它们还建立了十分完善的内部问责机制，如学生评分、教学评估和对教师科研产出的持续评估（Seldin and Associates，2006）。

• 因此，由州机构进行的另一层面不适当的评估是在浪费时间和资源。一位极端的批评家将整个问责行动斥为"例行公事的核查"（Power，1997）。

即使这些原则性的反对意见不那么多，问责制在实施过程中一般也会面临重重阻碍。行政管理者即使不拖延阻止，也会不断反对并试图施加影响。许多教师面对高校评估站在"积极或消极反对"立场（Lopez，2004：37）。更普遍的是，教师这一本应参与到问责过程中的群体通常将记录和报告上交给高校官员，因而与这个过程隔离开来。这些官员则往往会有选择地选取和提交信息，展现最好的一面（如教学工作量和面授课时）。州官员则通常会定期提交报告，如果遵循了正确的报告流程，他们就认为情况令人满意（Grizzle，2002）。

在实践中，州对高等教育的问责工作有着曲折的历史。虽然到了20世纪90年代，许多州及高校已经开始广泛采用问责机制，但许多院校的最初反应仍"大多是应对性的、一时的和表面上的"（Gaither，1995）。许多做法变得常规化，有些则在一段时间后就终止了。将预算资助与效率和生产力衡量指标挂钩的方案往往是短暂的（Long，2010：156）。此外，有理由认为，最终问责工作对那些院校的效率和生产力所带来的影响无从得知或是完全没有，而问责原本预期能对它们产生这方面的影响（El-Khawas，2004）。

我强调问责现象是为着重说明一个悖论：就在各州立法机关开始每年减少教育预算的同时，它们采取措施增加各州在治理过程中对高校的干涉力度。有人可能会试图这样化解这一悖论，声称各州同时做这两件事是出于同一原因：对国家的高等教育体系及其院校失去了信心。即便如此，历史事件还揭示了一个更大、更普遍的悖论或矛盾：各州的责任（以公共和财政资助的形式体现）已经减少并将继续如此，在极端情况下会降低到年度预算的 10%～15%，而它们对这些高校的治理基本上保持不变或者可能还会增加一些措施。有人可能会想出一个与我们殖民时期著名的"有纳税，无代表"的战斗口号相媲美的口号，也许可以是"有权利，无责任"或"有政治，无经济"。

无论如何，这一矛盾使高等教育体系进入了一个冲突的过程，似乎注定会在某一节点爆发并希望通过某种法律制度加以解决。这一矛盾已经引发了一系列关于正式私有化的讨论以尊重其历史发展趋势（而且一些院校事实上在努力实现私有化，如密歇根大学和弗吉尼亚大学），却没有意识到私有化可能带来的对各个方面的影响，例如，如果这种私有化继续进行，那么那些逐渐积累起来的实体设施和其他基础设施的法律地位是什么？这一矛盾又引发了另一个严重的问题：一个院校如何做到既是公立的，同时又不真正受州的资助？还有第三个问题：当州的资助已经严重萎缩时，保留州对大学托管和治理的现有模式是否可行？在这一章我考虑的所有反常现象和问题中，这些相关问题的未来影响似乎最为深远。

## 三、商业化的诸多方面

回顾过去几十年，在全国关于高等教育的对话中有一个最重要的主题：高等教育的商业化已使大学与商业企业越来越难以区分（参见上文 68—70 页）。对大学商业化这一主题讨论的声音响亮而持久，它淹没了对当代高等教育批评的声音。为了掌握和厘清这个主题的几个脉络，我创造了一个缩略词——GAMMA，具体如下：

G：全球化（globalization）

A：学术资本主义（academic capitalism）
M：市场化（marketization）
M：管理主义（managerialism）
A：问责（accountability）

有些人称颂这些趋势是拯救陈腐、低效高校的唯一途径，而另一些人则担心这些趋势敲响了学术原则和高校的丧钟。

## （一）企业化的语言、意象及其后果

一些评论人士注意到企业和管理语言侵入了高校的行政生活，他们也常对此深感遗憾（如 Bok，2003），例如，知识产业、成本效益分析、竞争、创业、效率、营销、外包、组织重组、最佳实践、战略选择，以及将新生视为"输入"、将毕业生视为"输出"、将中间过程称作"吞吐量"。在过去的半个世纪里，许多商业潮流侵入高等教育界，使得企业化的语言频繁出现在高校管理中（Birnbaum，2000）。

从某种意义上说，对这种语言的反对声音似乎很少，因为名称不是棍棒、石头，本身不一定会产生负面后果。然而，只要它们是一种新文化观的表征，即使没有破坏传统的学术价值观，也会使之转向并日渐被削弱。有人认为："如果大学欣然接受商业风气，那么这给大学的概念或理念带来的后果将是可怕的。"（McCaffery，2010：61）讲求实效的"生意"观贬低了大学真正的"生意"：致力于学术生活，追求独立于回报之外的知识和真理，以及对文化、制度和文明的崇高理想进行审视、培养和批评。企业化的语言隐含着企业家的个人主义，侵蚀了从事教学和研究的学者们的理想。对于极端的批评者来说，这意味着"大学是为有钱的人变戏法"（White & Hauck，2000：30）。商业文化是通过提高财务和组织的关注度并使"门店管理"成为重点来实现所有这一切的。相比之下，大学的传统主义者通常继承了这种观点，即大学从根本上讲是一个关乎道德和文化的企业，应该超越对物质的关注（参见上文9—10页），否则会败坏学术道德。

## （二）学生消费主义

从前，人们相信是由大学决定什么样的教育对学生是正确的或有益的，对于学生来说，学习是一种特权，对未来也有好处。然而，这一原则早就开始打折扣了。对于1862年和1890年的《莫里尔法案》①之后州立院校中的"职业主义"这条发展主线，人们可能把它视作对学生未来职业兴趣方向上的引导。还有人可能认为艾略特（Eliot）在哈佛大学引入选修制是对学生消费主义的引导（尽管艾略特本人是基于学术提出选修制并为之辩护的），这必然受到那些竭力保留必修传统研究课程的保守人士的猛烈抨击，随后又遭到一些积极改革人士的猛烈抨击，如伍德罗·威尔逊（Woodrow Wilson）、罗伯特·梅纳德·哈钦斯（Robert Maynard Hutchins）和亚历山大·米克尔约翰（Alexander Meikeljohn）。米克尔约翰将选修制称为"知识不可知论，一种知识贫乏"（1920：42）（注意"不可知论"的道德及宗教含义）。而且，之后在广度和学生自主的选择上选修制进一步朝着适应学生的方向发展，这就像自助餐厅提供自主选择的食物一样。

然而，在专业学者权力的全盛时期（在第二次世界大战之后的一段时期，由詹克斯和理斯曼（Jencks & Reisman, 1968）指出），学生兴趣似乎服从于教师权力：

---

① **译者注**：为了使教育适应农业经济发展的需要，美国国会于1862年颁布了旨在促进美国农业技术教育发展的《莫里尔法案》（Morrill Act）。1890年美国国会颁布了第二个《莫里尔法案》。

当今（20世纪60年代末）大学教师决定学生应该知道什么，应该如何教，以及谁可以教。不仅如此，他们的标准越来越多地决定了哪些学生可以就读于他们的院校，谁在进校后会感觉自己能力强，以及学生有多少时间可以进行非学术活动。(Jencks & Reisman, 1968: 510)

然而刚刚过了十年，理斯曼（Reisman）却谈论起"一个学生消费主义兴起的时代"（1980）。他把原因主要归于日益激烈的生源竞争（这是在20世纪70年代随着学生人数的相对下降而产生的）。不同院校在这场竞争中有不同的参照点。私立及公立顶尖院校与它们的同类院校在高端人才市场中竞争；吸引力较小的院校在普遍萎缩的市场中竞争。这场竞争带来了"学生（市场）权力的扩大"（Reisman, 1980: xxix）。20世纪60年代，学生权力通过直接的政治抗议和激进主义活动得到大大增强，但这在很多方面还只是暂时的。

虽然各种原因尚未被完全弄清，但消费主义（或更宽泛地说是迎合学生）的表现如下：

- 在媒体上宣传其院校，通常承诺或暗示将有一个"美好的生活"，包括在大学本科期间参加聚会以及毕业后的职业成功。
- 通过中学和与个人直接接触讨好学生及其家人。
- 在某些情况下，降低入学标准，招收一些能力不足、无法毕业的学生，并因学生贷款逐步加重学生的债务、困难以及对他们的剥削（Collinge, 2009）。
- 说法过于绝对、带有某些明显欺诈行为的"学生资助游戏"（Kirp, 2005）。
- 在住宿、饮食设施和其他良好生活条件方面给予慷慨补助，产生了"娇生惯养的一族"。一些冗余的行政职位甚至还在《高等教育纪事报》（*the Chronicle of Higher Education*）上打过广告，如"饮食实习主任"和"学业帮助办公室副主席"（Hacker & Dreifus，2010：30）。

- 削弱或取消专业和通识教育课程方面的要求。
- 分数注水。这是学生期望（"本科生将好成绩视为与生俱来的权利"——Kirp，2005：119）、教师软弱以及学校不愿在成绩评定上"坚持不放松"的共同结果。学校担心在成绩评定上"坚持不放松"会过度拉低学生成绩，使他们在就业市场中吃亏，可能会给学校带来负面影响（也会减少学生的入学申请）。

一般来说，"消费主义"这一词语带有谴责意味，它本身就暗示存在一种弊端，可能反映了一种普遍的、下意识的评论，这基于反物质享乐主义情绪以及一种未经检验的假设——学生在有幸被录取后应该过一种受指导的、苦行僧式的生活。然而，逻辑上来说还有一个更为合理的反应：只要我们把争夺生源这样一个分散化、准市场化、相互竞争的局面制度化，只要招不到学生就会违背高校利益的情况存在，那么责怪高校仿佛将自己置身于市场、汲汲于生存似乎既不现实，也不公平。生源竞争本身并没错，不竞争似乎是自取灭亡。需要谴责的是各种过度行为，包括公然牺牲学术标准、嘲弄评估和排名，以及录取不合格学生并通过经济资助和贷款获取他们的学费从而提高学校收入来剥削他们（Toby，2010）。我个人倾向于这些过度行为不应由外部机构来控制和惩罚，而应由教育协会自己颁布道德准则来处理，它们有权揭露和公开这些不良行为。

然而，在体现消费主义的大学间的体育比赛的历史中，下面这种倾向令人警醒，让我们得以了解市场潜在的病态行为和自我调节的困难。在那些积极投入的（通常也给予资助的）校友们的鼓动下，赢得比赛和达到顶级水平的渴望几乎难以抵挡，教练的工资和奖金呈螺旋式上升。各院校梦想着通过某些体育活动获得可观收入，但这只会偶尔实现。商业媒体的介入已达到掌控大局且令人眼花缭乱的程度。因此，在招收和纵容运动员方面的消费主义现象激增，尤其是在（但不仅限于）足球和篮球这类运动中。招生本身是一种高级艺术形式，体现为说服、承诺、施压，有时甚至要违反规则。竞技性的运动训练和娱乐设施的提供与军备竞赛相比并不逊色。各院校提供特殊的辅导和学生运动项目来帮助运动员避免出现达不到学业要求的情况，学生寻找"凭本能"的课程、易学的专业以及默契配合且给分容易的教授这种现象一直以来从未间断。全国大学体育学会（National Collegiate Athletic Association，NCAA）已制定并实施了对违规者的处罚措施，但每年的违规行为（无论是检测到的还是未检测到的）仍在继续。对普通学生的争夺不大可能会达到以上这种程度，因为招收普通学生的商业诱惑从来没有这么大，但大型体育比赛的过度行为应该作为一个极端情况让我们警醒。

（下面这些话可能让我感到有些尴尬。20世纪90年代初，我在加州大学伯克利分校担任一个蓝丝带校际体育委员会的主席，大家都认为这个委员会的报告公开支持伯克利大学校园内的大型校际体育活动（Chancellor's Blue Ribbon Commission on Intercollegiate Athletics，1991）。事实上，我们发现加州大学在大型体育赛事上甘愿取得平庸成绩的一贯做法并不令人满意，我们建议学校要么认真参与（当时的）太平洋十校联盟①，要么去参加投入较少的校际比

---

① 译者注：太平洋十校联盟（Pacific-10 Conference，PAC-10）是美国西海岸大学最高级别的体育赛事联盟，其成员包括亚利桑那大学、亚利桑那州立大学、加州大学伯克利分校、俄勒冈大学、俄勒冈州立大学、斯坦福大学、加州大学洛杉矶分校、南加州大学、华盛顿大学和华盛顿州立大学。

赛，或许可以采用常春藤联盟①的模式。但我们在提出这一建议的同时也提出了各种政策意见来确保财政和组织责任的落实。而且，当我亲自向田长霖（Chang-lin Tien）校长提交这份报告时，我建议他立即成立另一个关于体育项目过度行为管控的委员会，因为我考虑到：无论一个高校多么高尚，对大型体育赛事的投入也会产生巨大的诱惑。这一建议并无明显成效。）

## （三）节约——一种生活方式

德里克·博克（Derek Bok）将"努力节约大学开支"（2003：3）列为高等教育商业化的含义之一。不过，我在这一主题下加上这一节却有所迟疑，因为它并没有与其他标题中所包含的"商业主义"完全相同的含义。这种节约通常被认为是收入下降、成本增加的必然产物，而不是一种积极市场意识的表现，尽管过去几十年来大部分管理类文献都对裁员、外包、重组的竞争价值以及精简和节约的好处大加赞赏（如 Shleifer & Vishny, 2005）。

节约包括减少工作人员、合并减少职位、批量采购供应品、取消服务和额外津贴（如图书馆传递服务）、减少采购（如图书馆对边缘学术期刊的订阅）、对之前诸如打电话等免费服务收取费用（受影响的人会锱铢必较）、敦促员工加快速度，以及将某些业务（如停车场监管）分拆并外包给专业公司。这些措施带来的一个特殊结果值得关注，虽然许多节约模式都有明确的经济和行政上的合理性，但其中很多模式构成了一种特殊的"相对剥夺"，即取消了之前免费的或价格较低的东西，或对其进行收费。这些与银行收取借记卡服务费是同一类型的，而这些服务原本是免费的。这些节约措施，即使

---

① 译者注：常春藤联盟（Ivy League）最初指的是由美国东北部地区的八所高校组成的体育赛事联盟，这八所院校包括哈佛大学、宾夕法尼亚大学、耶鲁大学、普林斯顿大学、哥伦比亚大学、达特茅斯学院、布朗大学和康奈尔大学。

是那些规模较小的，也往往特别令人反感，导致士气低落，因为它们象征普遍的紧缩和节俭，还可能意味着那些对专业或准专业怀有期待的人员的落魄。如果一项行政决策的制定仅从经济或管理方面考虑，而没有考虑到人这一重要因素，它还会带来更大范围的后果（Smelser & Reed，2012）。

节约举措的最后一个变数与终身教职制有关，稍后我将以更通俗的语言加以说明。在过去二十年里，这个话题变得更具争议性。其中一个方面的抨击来自传统政治，它认为终身教职制为不负责任的"终身聘用的激进派"提供了避风港，这些人使该体制变了质（Sykes，1988；Anderson，1992）。另一方面主要是来自经济学家的（如 Amacher & Meiners，2004）针对终身教职制经济效率低下的批评。终身教职制是防止资源从绩效差的专业系转移到绩效好的专业系的严格制度。终身教职制保护了庸才，因为它让这些教师得以年复一年地待在这里而没有用有效的惩罚措施来刺激他们提高绩效。这是一个巨大的固定成本，它妨碍了预算的灵活性，抑制了高效和竞争战略。它使高校无法进行合理调整以适应预算困难时期。终身教职制是问责的敌人，因为它抵制评估、阻碍绩效的提高。一些人呼吁取消终身教职制，并坚持认为没有它学术自由也能够保留；有人则提出温和的建议，即采用更好的、针对具体情况的方法来评估教师，采用终身教职评聘后评估机制（许多大学都以不同形式采用这一机制），以及使用可续签也可终止的多年合同制。我个人认为，这种经济逻辑虽有可取之处，但要想正确看待终身教职制这类基本制度，不能仅从市场效率的角度出发，完全采用经济管理的方法可能对顶尖人才的招募具有破坏性作用，而且可能会打开削弱对学术自由的保护的大门。

### （四）大学与产业的关系

人们对高等教育目标与经济利益关系敏感的根源在于教育与人

的精神和道德生活密不可分。可以料想,由于美国社会有着强烈的工具主义和物质主义思想,在表达这些敏感看法时不可避免地会产生冲突。历史上这种公开的政治冲突至少可以追溯到一个半世纪以前,其戏剧性的一幕是《莫里尔法案》(Morrill Acts)的颁布。该法案将联邦土地授予各州以发展致力于农业和商业的州立院校。尽管该法案的实施做法各不相同,但它强调了一对孪生的观念并赋予其合法性,即这些院校既要发展高等教育机构选定的"服务"功能,也要为国家经济发展和提高竞争力做出贡献。对这一强调并非没有反对意见,有些州围绕大学生活的本质产生了根本性的争论和冲突:重视传统文化还是将知识服务于经济利益(例如,Douglass,2000)。我要提到在19世纪初杜威、凡勃仑和哈钦斯对高等教育中的职业主义、商学院以及高等教育受企业利益主导的抨击,这些抨击揭示了同样的学术和经济重心之间的紧张关系。

在20世纪80年代初之后的三十年里,人们对这一问题的激烈争论持续不断。工商界的利益在大学生活中变得至关重要,甚至有人宣称大学和工商界这两者的利益和结构是完全一致的,大学被商业利益绑架,学术理想和学术实践变质甚至消亡(参见上文68—69页)。尽管这里只是选择性地谈到一些后果而非全部,但事态的发展确实存在。在本节中我将对近期的情况进行一定的评论。

1980年是关键的一年,美国国会通过了著名的《拜杜法案》[①]。尽管前几届政府——特别是理查德·尼克松政府——已经采取了一些鼓励商业与大学合作的措施,但1980年这一法案的通过是一个全

---

① 译者注:《拜杜法案》(Bayh Dole Act)由美国国会参议员博区·拜(Birch Bayh)和罗伯特·杜尔(Robert Dole)提出,1980年由国会通过。该法案规定联邦政府将所资助大学研究所获得的知识产权所有权转移给大学,授权大学负责技术转让工作,政府不享有直接回报,而是从技术转让的经济行为中获得不断增加的税收收入。《拜杜法案》使私人部门享有联邦资助科研成果的专利权成为可能,从而产生了促进科研成果转化的强大动力。

新的、决定性的事件。20世纪80年代是人们对美国经济竞争力明显下降以及其他国家（尤其是日本和德国）的成就极度恐慌的时期。此外，这些国家的政府毫不避讳地参与了促进和鼓励经济的项目，《拜杜法案》的通过是当时对更大层面的国家和国际局势的众多回应之一（参见上文107—108页）。

这项法案是政府对产业和大学关系的干涉，其影响在于它使其得到法律上的许可：允许大学分享由大学科研学者开发并在企业和大学发起的各种合作企业中实施和生产的专利发明和产品的收益。然而，对大学来说，这种许可是一个可喜的机会，因为它出现在大学获取资源越来越困难的情况下。以下是鲍伊（Bowie）对各种因素汇聚的描述：

> 无论国会之前对使用公共资金获得私人利益有什么顾虑，这都被国际经济竞争日益增加的威胁和美国工业研发能力的明显下降所打消。此外，国会已经削减政府对基础研究的直接资助。大学有了与产业合作的双重动机。（1994：19）

这种情况是资源依赖的一个明显例子：高等教育的各类资源陷入停滞或受到侵蚀（或是有这样的威胁），而寻找新的、补偿性资源的压力也在相应增加（Slaughter & Leslie，1997）。在这种情境下，高校已经开始更加积极地从私人部门获得经费和合同，扩大对企业的教学服务，并节约招聘开支（Slaughter & Leslie，1997：100）。最终大学觉得这是一个机遇，因为大学已经开展了许多有前途的前沿研究，尤其是在计算机和生物技术方面（Nelkin，Nelson & Kiernan，1987）。

在这样的情境下，研究型大学积极做出反应，许多大学建立了各种机制以促进专利的注册，并与业界建立关系和联盟。截至1980年，25所大学设有技术转让和许可办公室；到1990年，这一数字已增至200（Cohen et al.，1998：181-182）。1980年以前，大学每年大约被授予250项专利；1998年这一数字达到了3151（Slaughter & Rhoades，2008）。

如果我们回顾历史，这些不同类型的活动已经显示出许多可预期的特征：

• 这些活动集中在相对较少的研究型院校。20世纪90年代，100所最大的研究型大学获得了90%以上的专利。最新数据显示，三分之二的与企业合作的资金来自13所大学（Slaughter & Rhoades，2008：39-40）。这种集中现象遵循了基金会、私人捐助者和联邦资助模式中显示的"富人更富"的模式。其原理是相同的：发展资金被吸引到人才汇聚、声誉卓著的高校研究中心，而这些资金会得到巨大回报。此外，合作高度集中在各研究领域，尤其是自然科学（特别是生物科学和医学研究）、工程学、计算机科学和美国的商学院。

• 利益-成本的真相被这一事实所掩盖：寻求机会产生了大量的增累——负责技术转让的行政管理者和工作人员、法律人员和顾问、公共关系官员，甚至那些在创收方面并不特别成功的高校也是如此。

• 不管怎么说，高等教育来自私人企业部门的收入与其他来源相比实际占比相对较小，20世纪80年代以来占比不到大学研究经费的10%（Vest，2005：39）。

大学和企业合作最大的威胁是这一合作对高等教育的基本价值观有害。我从美国大学教授协会（Association of American University Professors）1983年的一份声明、斯坦福大学1993年的一份声明（Bowie，1995）和两位学者的概括陈述（Dong，1995；King，2009）中得出以下结论：

- 投入的冲突：学术精力、学术议程和研究活动的偏离。这包括在商讨和进行或监督与商业相关的研究时，学校教师的严重缺位，也包括对研究议程失去学术方面的控制。
- 以各种方式违背公开披露研究成果的学术原则——压制、篡改或推迟发表研究成果，以战胜竞争对手、赢得市场优势。隐瞒临床试验的危害性结果就是一个例子。这种做法更大的影响是会限制研究自由。
- 如果大学接受与公司签订的保密协议，研究的相互交流和促进就会受到限制。
- 忽视课堂教学。
- 利益冲突，包括从校企合作中获取个人利益；以科学的名义宣传产品年利；选择性地雇佣公司员工或顾问、大学生或工作人员；利用员工和助理获得个人收益。利益冲突问题还包括未能披露公司及财务的关联。
- 同事之间的嫉妒或冲突增加；未受资助的研究领域受到间接贬低或忽视；人文和社会科学进一步贬值，与理工科相比，它们在校企合作中的参与程度最低。

这些危害表现有些是新出现的，严重程度也各有不同。各种外部研究机会（不仅仅是商业机会），导致不受限制的学术追求发生了偏移。研究往往转向关注更广社会层面中的紧迫问题，即便在研究资金无法到位时亦是如此。由于教师参与咨询和建议工作，所以他们不在校园的时间过长，这是一个长期存在的问题。忽视教学是一个普遍的问题，这不仅仅与商业活动有关。不受青睐的学科和研究领域地位的下降也是与外部研究资助相关的一个普遍问题。所有这些都意味着我们不应忽视大学与产业合作在这些问题上所带来的额外的、更加严重的影响，但我们不应把全部责任都推到这项活动上。

在我看来，大学研究与商业联系可能产生的最严重，也是最需要关注的影响有两个：第一，强化了校企合作导致精力分散方面的纯粹追求金钱的因素；第二，与之相关的是增加了利益冲突的可能性。我们从关注医疗行业利益冲突的经历中了解到这两个问题的严重性。我们知道对于任何类型的专业人士来说，获得金钱利益的机会都是那么诱人；我们知道当事方会在很大程度上否认利益冲突及其对独立判断和行为的影响；我们知道监管的困难；我们也知道专业从业者和公司（在医疗方面有制药公司和医疗器械制造商）在面对监管时怎样挖空心思地制定新的规避措施。虽然在我看来应该由高校自己来监控与产业的合作引发的问题，但在制定和执行利益冲突指导方针与规范校外参与程度方面，高校同样也必须比以往更加努力。

关于学术重心的扭曲，我们必须认识到这也是长期趋势的一个方面，向商业合作方向的转变则加剧了这一趋势。我同意批评者的观点（尽管并不总是赞同他们的尖锐言辞）：这一长期趋势对于"大学是一个进行各种广泛自由研究和知识探求的天堂"观点会构成根本威胁。应对这一威胁时，高校及其所主办的学会将不得不从纯粹的经济机会主义的战略转向，重申致力于大学和学术理想。我知道这个呼吁可能是空想，因为高校是在重重压力的严酷环境下谋求生存的。但不管是不是空想，牺牲我们优秀高等学府的最终结果对高度文明的社会来说是一个巨大的代价。

## 四、在线远程教学和营利性院校的兴起

与社会上几乎所有地方一样，高等教育中最重要的创新是以计算机为主导的信息革命，其直接后果是显而易见的：

- 它取代了大量学者和学术单位雇用的秘书和打字员。
- 它既方便又大大增加了学者之间、教师与学生之间、研究人员与研究助理之间的学术交流。
- 它主要在效率方面改变了学术研究，使学术搜索更为便利，提供了大量的在线研究资料，彻底抛弃了作为研究工具的 3 英寸×5 英寸的卡片，并简化了出版材料的准备工作。
- 它取代了一些传统精装出版物，并对其造成了很大威胁，还提出了关于什么才是适用于教师评价和晋升正当合理的科学及学术出版物的严肃问题。
- 最后两个影响与"图书馆革命"密切相关。这正将高校图书馆从收藏供学者使用的出版书籍的仓库转变为基于网络和在线资料的提供者，在后一项工作中它们受到私人市场资料收集整理工作的直接威胁。无论如何，它们变成了更加具有指导性的角色，"指导"用户在复杂的信息环境中如何运用搜索的技巧。包括杰拉德·卡斯帕尔（Gerhard Casper）在内的一些人认为，图书馆作为出版物的实体收藏地点不再有任何存在的理由，并将随着时间的推移而消失。培养传统图书馆管理员的传统图书馆学学院已经相继转变为图书馆科学学院，在计算机科学及图书馆情景下的应用方面对学生进行培训（Darden & Neal，2009）。

尽管所有这些转变都非常重要，但与计算机教学（"在线课件"和"远程学习"）对许多本科和职业教育的实际和潜在影响相比，这些转变都黯然失色。下面我谨就远程教育的意义、未来以及对现有高校可能产生的影响（包括威胁）进行评论。

通过阐述传统课程教学的要素，可以更好地理解远程教育的引入及其确切意义：

- 人们聚集在物理空间有限的场所进行教学——教室、小型讨论室、办公室，不太正式时也可在宿舍和咖啡厅。
- 学生的参与和对老师的反馈通常在大型课堂中最少，更多的是在讨论环节、实验室、教师接访期间以及其他场所的非正式谈话中。
- 对学生在考试、论文或课堂参与方面的成绩进行评定，由教师认定正式学分，积累到一定学分可获取由经过认证的教育机构授予并使之合法化的学位。
- 在人际交往场景中进行教学，学生会表现出更多非正式的心理变化——对教师的认同、角色模仿、服从和抵触，而且这些心理变化会在教育过程中自行发展。
- 通常将教学与住宿结合起来，即为学生提供宿舍、食物和服务，尽管从许多大学的学生全部住宿到大多数社区大学的学生全不住宿，各校住宿特点大不相同。
- 以学费和其他费用形式收取费用，通常按年而非按课程收取；暑期班提供的补充课程或函授课程通常按每门课程收费。

这套做法由来已久，大多数学生和教师习以为常，这是教育学的坚实核心，不易改变，通常以"质量"为理由进行宣传和辩护。

它经受了时间的考验，而有些引人注目的做法并没有流行起来，例如，20世纪60年代将电视讲座"输送"到阶梯教室的尝试。

然而，网络技术出现以来，由于使用了计算机教学，部分传统的课堂教学被取代，计算机教学虽然以不同方式使用了许多传统教育学的方法，但计算机技术将具体的授课空间和时间与教学过程分离开了。计算机教学的形式变化多样，只有了解它在何种程度上"解锁"了传统模式，才能真正认识它。尽管远程教学已经以不同方式成为几乎所有院校的当务之急，但它与营利性院校密切相关。

最引人注目和公开讨论最多的是菲尼克斯大学（University of Phoenix）的模式，该校的招生人数已接近50万，开启了创建营利性院校的先河。其课程是在线的，课程的设计者和教师都是非终身教职的，它的生源大多是传统学生年龄段（18—22岁）以上的非传统学生、少数族裔和女性。

一般来说，营利性院校主要是职业性质的——针对特定行业、特定职业甚至特定工作（Hentschke，Lechuga & Tierney，2010），因此，它们与营利性私立院校展开竞争，并且已取代了许多营利性私立院校。由于是营利性质的，营利性院校也要纳税、引资，它们大多规模较小，截至2010年，尽管入学人数只占所有高等教育机构的9%，但它们占所有高等教育机构数量的39%。它们的教学负担很重，教师很少参与研究（Brewer，Gates & Goldman，2002）。同样在2010年，营利性院校授予了美国15%的副学士学位（主要是由社区大学授予的学位），只有4%～5%的学士学位（但增长最快；Hacker & Dreifus，2010：8），8%的硕士学位，以及3%的博士学位（Hacker & Dreifus，2010）。少数族裔学生（黑人和西班牙裔）的入学率明显较高（Alfred et al.，2009：54）。正如这些数据所示，它们最直接的竞争对手是其他营利性私立院校以及社区大学的职业培训项目，这里的许多学生边学习边工作养活自己（Farrington，1999）；它们较少与四年制大学竞争，但多少还是存在；除了与那些明显具有职业性质的学院、系和专业有竞争外，它们与博士培养和研究型院校几乎没有竞争。无论出于何种意图和目的，它们都不会与传统大学学位申请者过剩的顶尖住宿院校竞争——"菲尼克斯大学和类似组织不太可能在短期内让常春藤联盟倒闭"（Farrington，1999：83）。（那些提供高级学位的营利性院校有可能与博士培养院校竞争，但这种竞争目前还不明显）

这些营利性且主要是在线教学院校的成功有两个至关重要的特点：①它们的课程和学位已获得官方机构的认证，这使得它们的收费正当合法，因为它们提供有学分的课程；②如果学生在这些已认证的院校注册，他们就有资格获得学生助学金和贷款，这些助学金和贷款实际上构成了这些营利性院校补贴的主要来源。正因如此，那些一心想从助学金中获利的欺诈性院校就有了机会，同时人们也有了打击此类院校的机会，例如《退伍军人权利法案》时代的营利性院校和20世纪60年代后期及70年代的函授学校（Kinser，2006）。可以预见，传统教师对这些营利性院校持否定看法，批评其教学质量低下、依赖临时和兼职教师、忽视教师权利和学术自由、忽视图书馆资源，以及基于财务而非学术来决策（Fisher & Koch，2004）。

许多四年制大学和社区大学在保留传统地位的同时，也设立了部分专业和方向，为学生获取学位提供远程学习学分。例如，马里兰大学大学学院分校（University of Maryland's University College）和宾夕法尼亚州立大学的全球校区（Penn State's Global Campus）都提供在线和在校教学，在线教学偏向职业教育和专业教育。在许多方面，这些是开设已久的函授课程、暑期班、夜校和其他外展项目的技术扩展（Trow，1997）。因为它们提供学分课程并收取费用

(即便是非营利性的),所以说它们与非营利院校在生源方面存在直接竞争。一个尚无答案的重要问题是,在赋予学生市场竞争力方面,这些传统院校和营利性院校各自的最终表现是什么?更不清楚的是,作为地位等级体系中"能提供地位证明的"院校,它们各自的最终表现又是什么?

顶尖私立和公立院校也进入了远程教育领域,但对其称呼差别很大(一般叫法参见 Walsh,2011)。20 世纪 90 年代出现了各种各样的实验,其中有哥伦比亚大学最著名的营利性在线教学平台 Fathom,这是一个计划赚钱的业务,但未能吸引足够多的用户。另一个是由牛津、普林斯顿、斯坦福和耶鲁等大学组成的财团提供的收费课程,主要面向校友,这个实验也是短暂的。从那时起,一流大学选择了一条不同的路线,如直接让其大学课程免费上线但不给学分,其中最引人注目的是麻省理工学院的开放课件(Opencourseware)项目。另外还有更加精选且非常成功的卡内基·梅隆大学的开放式学习项目(Open Learning Initiative)、同样精选的耶鲁大学公开课(Open Yale Courses),以及选择有限的加州大学伯克利分校视频教育网(webcast.berkeley)。这些远程提供的课程是免费的、不给学分的,因此在很大程度上使这些院校有效避免了与营利性院校争夺学生,并使传统学位课程的"招牌"保持独立且不受影响。顶尖院校的这些做法有两个问题。首先是可持续性。大多数项目早期都是由基金会,特别是梅隆基金会和休利特基金会(Hewlett Foundation)发起和维持运行的,但由于基金会的政策,这些项目不可能得到永久性补贴。其次是存在争议。大学在远程教育方面的动机和参与不断遭到教师的反对,这是基于在线教学降低教学质量的观点以及出于更为具体的行业保护的考虑,包括担心在线教学管理会削弱教师对课程的控制(Kirp,2003)。

## 五、非终身教职和兼职教师

在过去几十年中，最常被指出但又很少被深入分析的发展变化之一是临时教师（非终身教职）和兼职教师的数量增长惊人。尽管他们被认为是"看不见的"（Gappa & Leslie，1993），但调查人员发现对他们有 49 个不同的称呼，包括辅助教师（adjunct）、非晋级教师（nonladder）、派遣教师（contingent）、替补教师（subfaculty）等（Worthen & Berry，1999）。这些教师人数的增长率令人震惊。1970 年至 2001 年，兼职教师的数量增加了 376%，是全职教师增长率的 5 倍多；有学者认为全职终身教职教师的人数低于教师总人数的 50%（Schuster & Finkelstein，2006）。这些辅助教师承担了研究生助教这一非常大的非教师教学群体的一些工作，研究生助教也是临时的，因为他们按学期或学年聘用，辅助几年后就会离开学校。这些类别的教师数量的比例因院校层次而异：研究型、可授予博士学位的院校用自己的学生作为助教，使用辅助教师最少；四年制大学使用辅助教师较多；社区大学使用辅助教师更多；营利性私立院校和营利性院校主要使用临时或兼职教师（Baldwin & Chronister，2002）。兼职教师这一类的分布显示出同样的结果，私立非营利性院校的比例最低，营利性院校的比例最高，公立院校处于中间（Kinser，2006）。

多样性是辅助教师的关键。我不会谈及那些长期存在的、相对没有问题的"专家"，比如医生、艺术家和商人，他们不时将自己的知识和才能添加到院校的专业教学中。我也不会谈及那些退休后偶尔教书的"职业终结者"。我要谈的是大量的临时和兼职（非终身教职）教师，他们被聘用来应对入学需求的波动、临时教学急需以及财务需求。

上面提到临时和兼职教师增长最快、问题最大。他们的人数和比例随着学校层次的降低而增加，其中在社区大学教学的人数最多。他们主要教授写作、语言教学、数学和大型且通常层次较低的讲座课程，总之就是那些"正式"教师欣然放弃的课程，尽管这些教师仍然常常坚持对课程进行授权和控制。临时和兼职教师的动机是多方面的——体验教授大学生的满足感，补充另一个主要教学工作，补充配偶的收入，同时在几个院校教书勉强谋生（人们称他们为"高速公路飞行者"或"吉卜赛式学者"）。许多临时和兼职教师对这样的处境感到满意，他们与自己喜爱的学校和活动保持联系，同时没有研究和出版压力带来的焦虑。其中，那些从事职业培训教学（如护理、商业、教育）的教师最为满意；那些从事社会科学和人文学科的教师最不满意（Benjamin，1998）。

大多数关于辅助教师快速增长的解释都强调一些显而易见的经济因素。在需求方面，辅助教师工资较低，所以学校的支出成本较低；他们很容易被解雇或不被续聘，聘用院校不用承诺聘用至其退休；他们经常被排除在院校开销巨大的福利和退休计划之外；而且对于那些必须适应学生需求和资助变化的行政管理者来说，他们为每年的灵活变化提供了可能（Rhoades，1996）。此外，一旦因雇用这些成本较低的人员而节省了费用，那么节省的费用就变成了成本构成中不可分割的部分，在这种情况下，回到成本较高的做法就会变得十分困难（Jacobs，1998）。在供给方面有大量的"后备军"——未被聘为终身教职的教师、读了研究生但并未完成博士学位的博士生、许多愿意兼职加入专业课程教学的商界和其他人士，以及虽达到学术要求但因社区和家庭关系而不能变动工作地点的配偶（2003年，白人男性占全职教师的49.6%，白人女性占30.7%；而同年，白人男性占兼职教师的44.4%，白人女性占40.8%；National Center for Education Statistics，2003）。

然而，这种供求分析方法忽略了另一种更为传统的师资来源——全职终身教职教师的情况，尤其是在综合性大学里。几十年来，他们的工资已经上涨，一部分原因是薪酬的普遍上涨（Archibald & Feldman, 2011），另一部分原因是那些积极进取的院校之间的竞争和效仿。他们的教学负担有所下降，有一部分原因是院校在人才竞争时将减少教学负担作为谈判的筹码。"学术休假"仍是造成教学人员流失的一个重要方面。许多教师有能力利用研究基金"买断"教学。不成文的做法是研究型院校的教师更愿意教授研究生课程而非本科课程，这是本科教学人员减少的另一个原因。这些影响大多是过去降低了传统教学作用的结构增累所产生的。总之，传统教学成本高昂，难以获得，这增加了对替代教学的需求及其吸引力。这一整体情况加剧了高校的一种反常现象：正式教师仍旧保持对课程和教学的形式上的控制，不太受重视和报酬较少的其他教师则越来越多地参与教学。这也是他们疏远和抗议那些地位牢固、表现不佳的精英教师阶层的一个主要方面（参见上文 41—43 页）。

早在 1979 年就有人评论说："我们正在见证高等教育一场戏剧性但较少被注意到的结构性变革：顶层出现了准封闭的精英阶层，底层出现了永久的卑微弱势阶层。"（Wilke, 1979: xii）1987 年，加利福尼亚大学系统的一个特别委员会（该校的临时和兼职教师与大多数其他类型的院校相比不那么普遍）提醒大家要注意聘用临时和兼职这些类别教师出现的教学质量问题，以及他们权利被削弱和公民身份受贬损的问题（Task Force on Lower Division Education, 1987）。

人们已经注意到并列出了这些二等类别教师的不利之处，最明显的是工资较低，他们也通常教授那些等级较低、在正式教师眼中最没有吸引力的课程。但还有其他不利之处：

> 他们没有办公空间（且接待学生的办公时间减少或根本没有）、没有办公电话、没有计算机访问权限、不能享受影印服务，也缺乏职业发展支持……此外，兼职教师被分派给指导教师，而行政管理者并不评估兼职教师的工作。因此，优秀的兼职教师无法得到认可，不合格的教师也无法得到指导……与正式教师相比，兼职教师更多地教授低年级课程。整体而言，兼职教师工资低，工作负荷重，而且常常感到不受赏识、不被尊重。（Hutti et al.，1993：31）

我们还可以加上一点，除了在有些方面有法律保障之外，他们的医疗和退休福利被缩减或根本就没有。其中许多不利之处对教学质量的负面影响似乎不言而喻（Ehrenberg，2011）。

另一些伴随并强调其二等公民身份的不利之处来自社会排斥。非终身教职和兼职教师不是学术评议会或类似协会的成员，因此他们在共同治理中发挥的作用较小（Chait，2002b）。在专业系里，他们通常不参加投票，也经常不受邀参加会议。从非正式方面来说，他们不太可能被纳入正式教师的社交和非正式拜访中。

大多数关于改革和努力改善辅助教师状况的建议都呼吁减少上述不利之处，使他们更好地融入他们已被边缘化的院校，从而享有更多的公民权利（Lyons，2007）。然而，推动他们参与学校里专业系和委员会的活动而不相应地提高他们的工资、地位和附加福利，这也是矛盾的，因为他们参与但得不到回报实际上可能构成进一步的剥削。大多数需要缓解的压力来自美国教师工会（Berry，2005），美国教师工会倾向于让其在最基本的生计问题上与院校站在对立面而非试图让其作为专业人员更多地融入进来。尽管兼职教师和临时教师存在临时性、分散性和地域流动性等问题，但他们相较于正式教师更容易加入工会，这符合他们的身份，也体现了这一原则——如果人们被视为弱势员工而不是专业人员，那他们更有可能以弱势员工的身份在政治上做出回应。

另一个关于美国高校教师成立工会的总体评论是合适的。美国高校教师成立工会的运动出现在20世纪60年代中后期，到1973年，大约10%的院校都有各种形式的工会存在（DeCew，2003）。在20世纪80年代，因财政紧急状况持续出现，工会加速发展。工会议程的主要内容往往是工资、业绩、工作条件和福利。工会的发展与高校的声望和相应教师的"专业"素质呈负相关，在研究型和可授予博士学位的院校中遇到的阻力最大，在这些院校，许多教师认为专业价值观和工会组织之间存在冲突（Ladd & Lipset，1973）。也有一些人担心组织工会和讨价还价最终会对终身教职制构成威胁（DeCew，2003）。美国教师联盟（the American Federation of Teachers）、全美教育协会（the National Educational Association）和美国大学教授协会（the American Association of University Professors）等几个全国性组织充当总会的角色，下面还有附属的地方分会。这些组织也是按照其强悍程度以及是否愿意将其支持者群体界定为"雇员"而非"专业人员"的情况来进行排列的（Hutcheson，2000）。总体来说，工会已经成为高校生态的一个主要特征，并为传统的共同治理提供了一个根本的替代方案。同时，学者们对工会认识不足，我猜想很大程度上是因为那些有可能研究工会的人大多是在主要的、顶尖的研究型大学，而在这些大学里人们对工会的态度是最为矛盾的。

### （一）对终身教职制的影响

一些观察人士认为，终身教职制的最大威胁不是来自那些对庸才教师、激进政治、特权地位以及免受市场现实影响感到憎恨的立法者和其他人不时提出的举措（Chait，2002a），而是来自教师市场的变化。1992年，美国大学教授协会公开声明兼职教师"削弱了终身教职制、切断了课程控制与教授课程的教师之间的联系，以及降低了全体教师的专业地位"（引自 Rhoades，1996：138）。美国教师联盟和全美教育协会也发表了类似声明。这些威胁来自以下两个方面：①我所指出的市场力量导致的正式教师萎缩是一个较长期的过程（鉴于高等教育所面临的持续的经济困难，我看不到任何表明这些市场力量会减弱的证据）；②愤怒的辅助教师和有经济头脑的行政管理者之间结成了磕磕绊绊的、隐晦的政治联盟。顺便提一句，这些行政管理者丝毫不会在意他们最强大、往往也是最麻烦的正式教师这一支持者群体的权利是否减少。我并非预测会通过一次性立法或某种其他政治手段结束终身教职制，可能性最大的情况是我指出的这些力量对其造成积累性危害，再加上学术研究人员可能会向非学术环境转移，因此终身教职制会逐步衰亡。

## （二）学术自由补说[①]

此时似乎是明确提出美国高等教育学术自由问题的合适时机，原因如下：有些评论家断言非终身教职、临时聘用和学术自由之间存在直接关联；有些人抱怨"继续聘用非终身教职教师将威胁到学术自由和终身教职制的存在"（Gross & Goldenberg，2009：8）；还有人直言不讳地说"没有终身教职制就不能保证学术自由"（Darden & Cloud，2009：59）。如前所述，这种威胁主要是一种侵蚀，因为终身教职教师人数的比例增长停滞或下降，非终身教职教师人数的比例就会激增。由于终身教职制历来与学术自由问题密切相关，非正式教师的增长也被视作对学术自由的一种威胁。其逻辑是终身教职制与工作保护和工作保障相联系，由于这种联系，终身教职教师不能因其政治观点、活动或成员资格而被解雇或受到其他惩罚。依照这种逻辑就有了这一主张——非终身教职人员在预算紧缩或组织调整的幌子下会更容易因其不受欢迎的观点或成员资格而遭到随意终止聘用（因为他们的职位是续聘的而不是终身的）。

---

① 译者注：这一部分的"学术自由"针对的是美国的社会背景。

这一逻辑推理因存在许多模棱两可之处而被混淆,这些模棱两可之处应该加以澄清,以便评估对学术自由的真正威胁是否来自教师市场地位的变化,如果是的话,是什么样的威胁?主要的模棱两可之处如下:

- 学术自由本身主要是一种保护教师免于因政治或个人原因受到惩罚的原则。在美国高等教育的历史上,为了回应通常来自政治右翼派别的团体、宗教和政治压力,曾不时出现试图违反这一原则的事件,例如在麦卡锡主义和"9·11"事件后的"爱国正确性"时期所发生的事件(Wilson,2008)。来自高校内部的(通常来自左翼)有20世纪70年代教学和研究的"相关性"运动(Hook,1971)和"政治正确性"所产生的势力。"政治正确性"与多元文化主义和种族、阶级、性别敏感度有关,主要表现为对仇恨言论的管控(Klatt,2003;Kors & Silvergate,1998)。对这种干预(特别是外部干预)的反对主要来自教师组织(主要是美国大学教授协会)和其他教师自由派别。一般来说,内部威胁不那么公开和明显,它更可能通过非正式的舆论压力来施加。对此,一位学术自由的主要倡导者说:"我有一种不祥的感觉,我们遇到了敌人,而且……敌人就是我们自己。"(O'Neill,2000:27)

- 学术自由所涵盖的活动范围是变化的、不确定的。违反学术自由最明确的形式是因某人政治身份、观点和行为而对其进行直接惩罚。它是否也包括教师在课堂上想教什么就教什么的自由?在某种程度上是的,但这一原则在实施过程中因反对公开向学生灌输政治思想而打了折扣。此外,各专业系通过设计结构化课程直接控制教学。它是否包括想做什么研究就做什么研究的自由？在很大程度上是的，但研究的机会结构（体现在政府和产业的研究资助项目选择性上）使选择研究课题上的完全独立性出现了偏离，从而打了折扣。它是否包括教师参与政治抗议的自由？在某种程度上是的，但以学院或大学的名义进行抗议在法律上受到约束，而且，正如我所提到的，这还受限于人们对教师应该举止得体的期待，这一期待虽不成文却真实存在。由于存在这些模棱两可之处，学术自由原则难以始终如一地得以践行。

· 学术自由不包括对就业保障或终身雇用的绝对要求。美国大学教授协会和法院一贯认为学术单位被撤销以及由于预算紧缩终止聘用终身教职人员是合法的，这是法律现实。在实践中，相比临时教师，行政管理者更不愿意解聘终身教职教师（反而更愿意重新安置他们），这主要是因为临时合同是自动终止的，而且续签合同需要提供证明，终身教职教师则是自动续签合同的，除非他们自己决定终止合同。出于同样的原因，在政治上对解聘终身教职教师的明显反应要比对解聘临时教师的反应更为强烈。

这些澄清更准确地说明了雇用非终身教职和临时教师对终身教职制和学术自由所产生的威胁。终身教职制受到威胁，不是直接因为某种做法，而是因为数量的减少、政治影响的最终下降（尤其当非终身教职人员成立了工会时），以及数量正在减少的终身教职教师在声望较高的院校集中度的下降。非终身教职的身份不会也不应影响学术自由。由于其教师的身份，非终身教职的教师可能同样受到了保护。然而，就非终身教职教师的这种情况而言，私下掺杂政治或其他不相关因素的可能性更大，因为他们每年合同终止和不续签几乎是"自动"的;这就更容易掩盖由于政治和其他不相关因素而不续签的做法(Gross & Goldenberg,2009:137)。

## 六、结束语

在本章中,我详细阐述了我认为美国高等教育所面临的最紧迫的问题和潜在危机。我把这些囊括在以下标题里:资源不足、问责及治理;企业化的语言和意象;学生消费主义;节约——一种生活方式;大学与产业的关系;在线远程教学和营利性院校的兴起;非终身教职和兼职教师。

所有这些话题都有各自的实际情况,但有一个方面是相似的:每一个话题都揭示了一个经济因素,而这个经济因素是问题的核心。同样,不同层次、不同院校所遇到的问题也各不相同。从资源可获得性和问责的角度来看,私立研究型高校、公立研究型高校、私立学院、公立学院、社区大学和营利性院校等不同类别的高校都面临着不同的紧迫问题。私立和公立顶尖大学与公立学院、社区大学和营利性院校面临着不同类型的生源竞争。鉴于这些差异,它们会经历不同程度和类型的消费主义。联邦提供的研究资助以及大学与产业合作集中在高校地位等级体系的顶层院校。临时和兼职人员在该等级体系中也分布不均,正式教师、终身教职教师和学术自由在该等级体系顶层的院校中受到最佳保护。最后,不同类型的院校对计算机技术在教学中的应用有不同的策略。

对未来最合理的预测是所有这些类型的院校都将根据各自的具体情况进行调整。毕竟,这是它们过去一贯应对或利用不断变化的环境的方式。它们将最大化地利用那些明显的机会,并采取明显的生存策略。这里,我尤其注意思考私立和公立顶尖院校的策略。它们完全能做到维持其特权地位以及在学生质量、声誉和获取各种资源方面保持领先,它们最有可能留住其全职的终身教职教师(Ehrenberg,2011:125)。高等教育的发展历史已经表明了它们在竞争激烈的世界中的优势。我猜想它们也会采取同样的机会主义策略,只有不得已时才会与实力较弱的兄弟院校竞争,但凡有可能它们都会垄断和回避竞争,最大限度地利用它们的资源,并在短期内维护它们的特权地位。

然而,我不知道长期来看这种个人主义策略是否是最佳选择。在提出这个问题时,我要回到我最初强调的高等教育的系统性上。高等教育的卓越表现显然取决于初级教育和中等教育的发展状况,而近几十年来后者的发展状况不佳,给整个高等教育的发展带来了问题并造成了伤害。显然,顶尖院校的发展状况取决于其他层次院校的教育发展状况。由于顶尖院校通常比其他层次的院校更具影响力(虽然实力并非总是更强),我认为除了那些有必要采取的谋求自身利益的策略外,顶尖院校的一个策略应该是在国家教育中发挥领导作用并和其他院校一起参与共同的社会和政治事业。从长远来看,作为高等教育机构,它们自身的利益、生存和效率取决于所有院校的工作和发展状况。

# 主要参考文献

[1] Alfred, Richard, Christopher Shults, Ozan Jaquette, and Shelley Strickland. 2009. *Community Colleges on the Horizon: Challenge, Choice, or Abundance*. Lanham, MD: Rowman & Littlefield.

[2] Allen, Mark (ed.). 2002. *The Corporate University Handbook: Designing, Managing, and Growing a Successful Program*. New York: AMACOM.

[3] Altbach, Philip G. 2001. "The American Academic Model in Comparative Perspective" In Philip G. Altbach, Patricia Gumport and D. Bruce Johnstone (eds.), *In Defense of American Higher Education*, 11-37. Baltimore, MD: The Johns Hopkins University Press.

[4] Amacher, Ryan C., and Roger E. Meiners. 2004. *Faulty Towers: Tenure and the Structure of Higher Education*. Oakland, CA: The Independent Institute.

[5] American Council on Education. 2007. *The American College President*. Washington, DC: American Council on Education.

[6] Anderson, Martin. 1992. *Imposters in the Temple: American Intellectuals Are Destroying Our Universities and Cheating Our Students of Their Future*. New York: Simon and Schuster.

[7] Archibald, Robert B., and David H. Feldman. 2011. *Why Does College Cost So Much?* New York: Oxford University Press.

[8] Aronowitz, Stanley. 2000. *The Knowledge Factory: Dismantling the Corporate University and Creating True Higher Learning*. Boston: Beacon Press.

[9] Ashby, Eric. 1974. *Adapting Universities to a Technological Society*. San Francisco, CA: Jossey-Bass.

[10] Association of American Colleges. 1985. *Integrity in the College Curriculum: A Report to the Academic Community*. Washington, DC: Association of American Colleges.

[11] Balderston, Frederick. 1974. *Managing Today's Universities*. San Francisco, CA: Jossey-Bass.

[12] Baldwin, Roger G., and Jay L. Chronister. 2002. "What Happened to the Tenure Track?" In Richard P. Chait (ed.), *The Questions of Tenure*, 125-59. Cambridge, MA: Harvard University Press.

[13] Barr, Margaret J., and George S. McClellan. 2011. *Budgets and Financial Management in Higher Education*. San Francisco, CA: Jossey-Bass.

[14] Barzun, Jacques. 1968. *The American University: How It Runs, Where It Is Going*. New York: Harper and Row.

[15] Bate, Jonathan. 2011. "Finding Public Value." *Oxford Today* 24 (1): 30-31.

[16] Becher, Tony. 1989. *Academic Tribes and Territories: Intellectual Enquiry and the Cultures of Disciplines*. Buckingham, UK: Open University Press.

[17] Benjamin, Ernst. 1998. "Variation in the Characteristics

of Part-Time Faculty by General Fields of Instruction and Research." In David W. Leslie (ed.), *The Growing Use of Part-Time Faculty: Understanding Causes and Effects*, 45-60. San Francisco, CA: Jossey-Bass Publishers.

[18] Bennett, William J. 1984. *To Reclaim a Legacy: Report on the Humanities in Higher Education*. Washington, DC: National Endowment for the Humanities.

[19] Berdahl, Robert M. 2008. "Developed Universities and the Developing World: Opportunities and Obligations." In Luc E. Weber and James J. Duderstadt (eds.), *The Globalization of Higher Education*, 45-53. London: Economica.

[20] Berry, Joe. 2005. *Reclaiming the Ivory Tower: Organizing Adjunct to Change Higher Education*. New York: Monthly Review Press.

[21] Bettinger, Eric P., and Bridget Terry Long. 2007. "Remedial and Developmental Courses." In Stacy Dickert-Conlin and Ross Rubenstein (eds.), *Economic Inequality and Higher Eductation: Access, Persistence, and Success*, 69-100. New York: Russell Sage Foundation.

[22] Bianco-Mathis, Virginia, and Neal Chalofsky (eds.). 1999. *The Full-Time Faculty Handbook*. Thousand Oaks, CA: Sage Publications.

[23] Birnbaum, Robert. 2000. *Management Fads in Higher Education: Where They Come From, What They Do, Why They Fail*. San Francisco, CA: Jossey-Bass Publishers.

[24] Birnbaum, Robert, and Frank Shushok, Jr. 2001. "The 'Crisis' Crisis in Higher Education: Is That a Wolf or a Pussycat at

the Academy's Door?" In Philip G. Altbach, Patricia J. Gumport, and D. Bruce Johnstone (eds.), *In Defense of American Higher Education*, 59-84. Baltimore, MD: Johns Hopkins University Press.

[25] Blakemore, Colin. 2011. "Fearful Asymmetry." *Oxford Today* 24 (1): 32-33.

[26] Bok, Derek. 2003. *Universities in the Marketplace: The Commercialization of Higher Education*. Princeton: Princeton University Press.

[27] Bourdieu, Pierre. 1988. *Homo Academicus*. Translated by Peter Collier. Cambridge: Polity Press.

[28] Bowen, Howard R. 1980. *The Costs of Higher Education*. San Francisco, CA: Jossey-Bass Publishers.

[29] Bowen, William M., and Michael Schwarz. 2005. *The Chief Purposes of Universities: Academic Discourse and the Diversity of Ideas*. Lewiston, ME: The Edwin Mellen Press.

[30] Bowie, Norman E. 1994. *University-Business Partnerships: An Assessment*. Lanham, MD: Roman and Littlefield.

[31] Boyer, Ernest L. 1990. *Scholarship Reconsidered: Priorities of the Professoriate*. Princeton, NJ: Carnegie Foundation for the Advancement of Teaching.

[32] Brewer, Dominic J., Susan M. Gates, and Charles A. Goldman. 2002. *In Pursuit of Prestige: Strategy and Competition in US Higher Education*. New Brunswick, NJ: Transaction Publishers.

[33] Brint, Steven. 2011. "The Educational Lottery." *Los Angeles Review of Books* (November 15): 1-15.

[34] Brint, Steven, and Jerome Karabel. 1989. *The Diverted*

Dream: Community Colleges and the Promise of Educational Opportunity in America, 1900-1985. New York: Oxford University Press.

[35] Brubacher, John S. 1978. *On the Philosophy of Higher Education*. San Francisco, CA: Jossey-Bass Publishers.

[36] Burke, Joseph J. 1999. "Multicampus Systems: The Challenge of the Nineties." In Gerald H. Gaither (ed.), *The Multicampus System: Perspectives on Practice and Prospects*, 40-79. Sterling, VA: Stylus.

[37] Canby, Henry Seidel. 1936. *Alma Mater: The Gothic Age of the American College*. New York: Farrar, Straus, and Giroux.

[38] Chait, Richard P. 2002a. "Why Tenure? Why Now?" In Richard P. Chait (ed.), *The Questions of Tenure*, 7-31. Cambridge, MA: Harvard University Press.

[39] ——. 2002b. "Does Faculty Governance Differ at Colleges with Tenure and Colleges without Tenure?" In Richard P. Chait (ed.), *The Questions of Tenure*, 69-100. Cambridge, MA: Harvard University Press.

[40] Chancellor's Blue Ribbon Commission on Intercollegiate Athletics. 1991. "Intercollegiate Athletics at Berkeley." Berkeley, CA: University of California, Berkley.

[41] Cheit, Earl F. 1971. *The New Depression in Higher Education: A Study of Financial Conditions at 41 Colleges and Universities*. New York: McGraw-Hill.

[42] Cheit, Earl F. 1985. "Business Schools and Their Critics," Business and Public Policy Working Paper #BBP-5, Working Papers, University of California Business School. Berkeley, CA: Re-

gents of the University of California.

[43] Christensen, Clayton, Michael B. Horn, and Curtis W. Johnson. 2011. *Disrupting Class: How Disruptive Innovation Will Change the Way the World Learns*. New York: McGraw-Hill.

[44] Cohen, Linda, and Roger G. Noll. 1998. "Universities, Constituencies, and the Role of the States." In Roger G. Noll (ed.), *Challenges to Research Universities*, 31-62. Washington, DC: Brookins Institution Press.

[45] Cohen, Wesley M., Richard Florida, Lucien Randazzese, and John Walsh. 1998. "Industry and the Academy: Uneasy Partners in the Cause of Technological Advance." In Roger G. Noll (ed.), *Challenges to Research Universities*, 171-99. Washington, DC: Brookings Institution Press, 1998.

[46] Collinge, Alan. 2009. *The Student Loan Scam: The Most Oppressive Debt in U.S. History—and How We Can Fight Back*. Boston: Beacon Press.

[47] Cuban, Larry. 1999. *How Scholars Trumped Teachers: Change Without Reform in University Curriculum, Teaching, and Research, 1890-1990*. New York: Teachers College Press.

[48] Darden, Mary Landon, and Robert B. Cloud. 2009. "Future Legal Issues." In Mary Landon Dardon, *Beyond 2020: Envisioning the Future of Universities in America*, 47-62. Lanham, MD: Rowman and Littlefield.

[49] Darden, Mary Landon, and James J. Duderstadt. 2009. "Overview of the Future University Beyond 2020." In Mary Landon Dardon, *Beyond 2020: Envisioning the Future of Universities in America*, 1-12. Lanham, MD: Rowman and Littlefield.

[50] Darden, Mary Landon, and James G. Neal. 2009. "University Libraries of the Future." In Mary Landon Dardon, *Beyond 2020: Envisioning the Future of Universities in America*, 113-21. Lanham, MD: Rowman and Littlefield.

[51] D'Augelli, Anthony R. 1991. "Teaching Lesbian and Gay Development: A Pedagogy of the Oppressed." In William G, Tierney (ed.), *Culture and Ideology in Higher Education: Advancing a Critical Agenda*, 213-33. New York: Praeger.

[52] DeCew, Judith Wagner. 2003. *Unionization in the Academy: Visions and Realities*. Lanham, MD: Rowman and Littlefield Publishers.

[53] Donague, Frank. 2008. *The Last Professors: the Corporate University and the Fate of the Humanities*. New York: Fordham University Press.

[54] Dong, Nelson G. 1995. "University-Industry Symbiosis: The Passing of an Era?" BIOTECH '95. San Francisco, CA: American Law Institute/American Bar Association.

[55] Douglass, John Aubrey. 2000. *The California Idea and American Higher Education: 1850 to the 1960 Master Plan*. Stanford: Stanford University Press.

[56] Duderstadt, James J. 2000. *A University for the 21st Century*. Ann Arbor: University of Michigan Press.

[57] Durkheim, Émile. [1893] 1997. *The Division of Labor in Society*. With an Introduction by Lewis A. Coser, translated by W. {ths} D. Halls. New York: The Free Press.

[58] Ehrenberg, Ronald G. 2011. "Rethinking the Professoriate." In Ben Wildawsky, Andrew P. Kelly, and Kevin Carey (eds.),

*Reinventing Higher Education: The Promise of Innovation*, 101-28. Cambridge, MA: Harvard University Press.

[59] El-Khawas, Elaine. 2005. "The Push for Accountability: Policy Influences and Actors in American Higher Education." In Ase Gornitzka, Maurice Kogan, and Alberto Amaral, *Reform and Change in Higher Education: Analyzing Policy Implementation*, 287-303. Dordrecht, The Netherlands: Springer.

[60] Engell, James, and Anthony Dangerfield. 2005. *Saving Higher Education in the Age of Money*. Charlottesville, VA: University of Virginia Press.

[61] Farrington, Gregory C. 1999. "The New Technologies and the Future of Residential Undergraduate Education." In Richard N. Katz and Associates (eds.), *Dancing with the Devil: Information Technology and the New Competition in Higher Education*, 73-94. San Francisco, CA: Jossey-Bass Publishers.

[62] Fecher, R. {ths} J. (ed.). 1985. *Applying Corporate Management Strategies*. San Francisco, CA: Jossey-Bass Publishers.

[63] Fisher, James L. 1989. "Establishing a Successful Fund-Raising Program." In James L. Fisher and Gary H. Quehl, *The President and Fund Raising*, 3-17. New York: Macmillan Publishing Company, 1989.

[64] Fisher, James L., and James V. Koch. 2004. *The Entrepreneurial College President*. Westport, CT: Praeger Publishers.

[65] Fisher, Shirley. 1994. *Stress in Academic Life: The Mental Assembly Line*. Buckingham, UK: The Society for Research into Higher Education and the Open University Press.

［66］Flawn, Peter T. 1990. *A Primer for University Presidents: Managing the Modern University*. Austin, TX: University of Texas Press.

［67］Gaither, Gerald H. 1995. "Editor's Notes." In Gerald H. Gaither (ed.), *Assessing Performance in an Age of Accountability*, 1-3. San Francisco, CA: Jossey-Bass Publishers.

［68］——. 1999. "Preface." In Gerald H. Gaither (ed.), *The Multicampus System: Perspectives on Practice and Prospects*, xviii-xxvi. Sterling, VA: Stylus.

［69］Gaither, Gerald, Brian P. Nedwek, and John E. Neal. 1994. *Measuring Up: The Promises and Pitfalls of Performance Indicators in Higher Education*. Washington, DC: Graduate School of Education and Human Development, the George Washington University.

［70］Gappa, Judith M., and David W. Leslie. 1993. *The Invisible Faculty: Improving the Status of Part-Timers in Higher Education*. San Francisco, CA: Jossey-Bass Publishers.

［71］Geiger, Roger L. 1986. *To Advance Knowledge: The Growth of American Research Universities*, 1900-1940. New York: Oxford University Press.

［72］——. 2004. *Knowledge and Money: Research Universities and the Paradox of the Marketplace*. Stanford: Stanford University Press.

［73］Ginsburg, Benjamin. 2011. *The Fall of the Faculty: The Rise of the All-Administrative University and Why it Matters*. New York: Oxford University Press.

［74］Giroux, Henry A. 2007. *The University in Chains: Con-

*fronting the Military-Industrial-Academic Complex*. Boulder, CO: Paradigm Publishers.

[75] Gmelch, Walter H., and Val D. Miskin. 1995. *Chairing an Academic Department*. Thousand Oaks, C: Sage Publications.

[76] Gregorian, Vartan, and James Martin. 2004. "Presidents Who Leave, Presidents Who Stay: A Conversation with Vartan Gregorian." In James Martin, James El Samels & Associates, *Presidential Transition in Higher Education: Managing Leadership Change*, 21-28. Baltimore, MD: The Johns Hopkins University Press.

[77] Griffith, Marlene, and Ann Connor. 1994. *Democracy's Open Door: The Community College in America's Future*. Portsmouth, NH: Boynton/Cook Publishers.

[78] Grizzle, Gloria. 2002. "Performance Measurement and Dysfunction: The Dark Side of Quantifying Work." *Public Performance and Management Review* 25: 363-69.

[79] Gross, John G., and Edie N. Goldenberg. 2009. *Off-Track Profs: Non-Tenured Teachers in Higher Education*. Cambridge, MA: The MIT Press.

[80] Gumport, Patricia. 1991. "The Research Imperative." In William G. Tierney (ed.), *Culture and Ideology in Higher Education: Advancing a Critical Agenda*, 87-105. New York: Praeger.

[81] Hacker, Andrew, and Claudia Dreifus. 2010 *Higher Education? How Colleges Are Wasting our Money and Failing Our Kids—and What We Can Do About It*. New York: Henry Holt and Company.

[82] Hartnett, Rodney T. 1971. *Accountability in Higher Edu-*

cation: A Consideration of the Problems of Assessing College Impacts. Princeton, NJ: Educational Testing Service.

[83] Hayes, Dennis, and Robin Wynyard (eds.). 2002. *The McDonaldization of Higher Education*. Westport, CT: Bergin & Garvey.

[84] Hearn, Thomas K. 2006. "Leadership and Teaching in the American University." In David Brown (ed.), *University Presidents as Moral Leaders*, 159-76. Westport, CN: Praeger Publishers.

[85] Hentschke, Guilbert C., Vicent M. Lechuga, and William G. Tierney (eds.). 2010. *For-Profit Colleges and Universities: Their Markets, Regulation, Performance, and Place in Higher Education*. Sterling, VA: Stylus Publishing.

[86] Hernon, Peter, and Robert E. Dugan. 2004. "Preface." In Peter Hernon and Robert E. Dugan (eds.), *Outcomes Assessment in Higher Education*, xv-xvii. Westport, CT: Libraries Unlimited.

[87] Hook, Sidney. 1971. "The Long View." In Sidney Hook (ed.), *In Defense of Academic Freedom*, 11-20. New York: Pegasus.

[88] Hughes, R. {ths} M. 1925. *A Study of the Graduate Schools of America*. Oxford, OH: Miami University Press.

[89] Hutcheson, Philo A. 2000. *A Professional Professoriae: Unionization, Bureaucratization, and the AAUP*. Nashville, TN: The Vanderbilt University Press.

[90] Hutchins, Robert Maynard. 1936. *The Higher Learning in America*. New Haven: Yale University Press.

[91] Hutti, Marianne, Gale S. Rhodes, Joni Allison, and Evelyn Lauterbach. 1993. "The Part-Time Faculty Institute: Strategi-

cally Designed and Continually Assessed." In Judith Gappa and David Leslie (eds.), *The Invisible Faculty: Improving the Status of Part-timers in Higher Education*, 31-48. San Francisco: Jossey-Bass Publishers.

[92] Jacobs, Frederic. 1998. "Using Part-time Faculty More Effectively." In David W. Leslie (ed.), *The Growing Use of Part-Time Faculty: Understanding Causes and Effects*, 9-18. San Francisco, CA: Jossey Bass Publishers.

[93] Jencks, Christopher, and David Reisman. 1968. *The Academic Revolution*. Garden City, NY: Doubleday.

[94] Johnstone, D. Bruce. 1999. "Management and Leadership Challenges of Multicampus Systems." In Gerald H. Gaither (ed.), *The Multicampus System: Perspectives on Practice and Prospects*, 3-20. Sterling, VA: Stylus Publishers.

[95] ——. 2001. "Higher Education and Those 'Out-of-Control Costs." In Philip G. Altbach, Patricia Gumport, and D. Bruce Johnstone (eds.), *In Defense of Higher Education*, 144-65. Baltimore, MD: The Johns Hopkins University Press.

[96] Kamenetz, Anya. 2010. *DIY U: Edupunks, Edupreneurs, and the Coming Transformation of Higher Education*. White River Junction, NH: Chelsea Green Publishing.

[97] Kauffman, Joseph F. 1993. "Supporting the President and Assessing the Presidency." In Richard T. Ingram and Associates, *Governing Public Colleges and Universities: A Handbook for Trustees, Chief Executives, and Other Campus Leaders*, 126-46. San Franciscco, CA: Jossey-Bass Publishers.

[98] Kay, John. 2000. "So We Agree Not to Agree?" *Times*

*Higher Education Supplement* (November 24).

[99] Keller, George. 1983. *Academic Strategy: The Management Revolution in American Higher Education*. Baltimore: The Johns Hopkins University Press.

[100] Kemperer, Ken. 1991. "Understanding Cultural Conflict." In William G, Tierney (ed.), *Culture and Ideology in Higher Education: Advancing a Critical Agenda*, 129-50. New York: Praeger.

[101] Kerr, Clark. 1963. *The Uses of the University*. Cambridge: MA: Harvard University Press.

[102] ——. 2001. *Academic Triumphs*, Vol. 1 of *The Gold and the Blue: A Personal Memoir of the University of California, 1949-1967*. Berkeley, CA: University of California Press.

[103] ——. 2003. *Political Turmoil*, Vol. 2 of *The Gold and the Blue: A Personal Memoir of the University of California, 1949-1967*. Berkeley, CA: University of California Press.

[104] Kimball, Bruce A. 2009. *The Inception of Modern Professional Education: C. {ths} C. Langdell, 1926-1906*. Chapel Hill, NC: The University of North Carolina Press.

[105] King, C. Judson. 2009. "University Roles in Technological Innovation in California." In John Audrey Douglass, C. Judson King, and Irwin Feller (eds.), *Globalization's Muse: Universities and Higher Education Systems in a Changing World*, 279-98. Berkeley, CA: Berkeley Public Policy Press.

[106] Kinser, Kevin. 2006. *From Main Street to Wall Street: The Transformation of For-Profit Higher Education*. ASHE Higher Education Report, Vol. 31, No. 5. Hoboken, NJ: Wiley Periodicals, Inc.

[107] Kirp, David L. 2003. *Shakespeare, Einstein, and the Bottom Line: The Marketing of Higher Education*. Cambridge, MA: Harvard University Press.

[108] ——. 2005. "This Little Student Went to Market." In Richard H. Hersh and John Merrow (eds.), *Declining by Degrees: Higher Education at Risk*, 113-29. New York: Palgrave McMillan.

[109] Kirwan, William E. 2006. "The Morality of Shared Responsibility: Preserving Quality through Program Elimination." In David Brown (ed.), *University Presidents as Moral Leaders*, 147-55. Westport, CN: Praeger Publishers.

[110] Klatt, Heinz-Joachim. 2003. "Political Correctness as an Academic Discipline." *Academic Questions* 16: 36-45.

[111] Kors, Alan Charles, and Harvey A. Silvergate. 1998. *The Shadow University: The Betrayal of Liberty on America's Campuses*. New York: The Free Press.

[112] Ladd, Everett Carl, Jr., and Seymour Martin Lipset. 1973. *Professors, Unions, and American Higher Education*. Berkeley, CA: Carnegie Foundation for the Advancement of Teaching and the Carnegie Commission on Higher Education.

[113] Langenberg, Donald N. 1999. "On the Horizon: The Learning System." In Gerald L. Gaither (ed.), *The Multicampus System: Perspectives on Practice and Projects*, 215-30. Sterling, VA: Stylus Publishers, 1999.

[114] Lawrence, G. Ben, and Allan L. Service (eds.). 1977. *Quantitative Approaches to Higher Education Management*. Washington, D.C.: American Association for Higher Education.

[115] Layzell, Daniel T., and Kent Caruthers. 1999. "Budget and Budget-Related Policy Issues for Multicampus Systems." In Gerald L. Gaither (ed.), *The Multicampus System: Perspectives on Practice and Projects*, 110-27. Sterline, VA: Stylus Publishers.

[116] Long, Bridget Terry. 2010. "Higher-Education Finance and Accountability." In Kevin Carey and Mark Schneider (eds.), *Accounting in American Higher Education*, 141-63. New York: Palgrave-Macmillan.

[117] Lopez, Cecelia L. 2004. "A Decade of Assessing Student Learning: What We Have Learned, and What is Next?" In Peter Hernon and Robert E. Dugan (eds.), *Outcomes Assessment in Higher Education*, 29-71. Westport, CT: Libraries Unlimited.

[118] Lyell, Katherine. 2009. "Market-driven Trends in the Financing of Higher Education: What Can We Learn from Each Other?" In John Aubrey Douglass, C. Judson King, and Irwin Feller (eds.), *Globalization's Muse: Universities and Higher Education Systems in a Changing World*, 81-91. Berkeley, CA: Berkeley Public Policy Press.

[119] Lyons, Richard E. 2007. *Best Practices for Supporting Adjunct Faculty*. Boston, MA: Anker Publishing Company.

[120] Marcus, Jon. 2011. "Old School: Four Hundred Years of Resistance to Change." In Ben Wildawsky, Andrew P. Kelley and Kevin Carey (eds.), *Reinventing Higher Education: The Promise of Innovation*, 41-72. Cambridge, MA: Harvard University Press.

[121] Martin, Lawrence B. 2010. "Faculty Scholarly Productivity at American Research Universities," in Kevin Carey and Mark Schneider (eds.), *Accountability in American Higher Education*,

33-119. New York: Palgrave-Macmillan.

[122] McCaffery, Peter. 2010. *The Higher Education Manager's Handbook: Effective Leadership in Universities and Colleges* (second edition). New York: Routledge.

[123] McManis, F. L. and W. D. Parker. 1978. *Implementing Management Information Systems in Colleges and Universities*. Littleton, CO: Ireland Educational Corporations.

[124] McMillen, William. 2010. *From Campus to Capitol: The Role of Government Relation in Education*. Baltimore, MD: The Johns Hopkins University Press.

[125] Meikeljohn, Alexander. 1920. *The Liberal College*. Boston: Marshall Jones Company.

[126] Moore, Wilbert E., and Melvin M. Tumin. 1949. "Some Social Functions of Ignorance." *American Sociological Review* 14: 787-95.

[127] National Center for Education Statistics. 2003. Table 264, "Full-Time and Part-Time Faculty Instructional Staff in Degree-Granting Institutions, by Race-Ethnicity, Sex, and Selected Characteristics. NCES, 2003.

[128] National Institute of Education. 1984. *Involvement in Learning: Realizing the Potential of American Higher Education*. Washington, DC: National Institute of Education.

[129] Neal, John E. 1995. "Overview of Policy and Practice: Differences and Similarities in Developing Higher Education Accountability." In Gerald H. Gaither (ed.), *Assessing Performance in an Age of Accountability*, 5-10. San Francisco, CA: Jossey-Bass Publishers.

[130] Nelkin, Dorothy, Richard Nelson, and Casey Kiernan. 1987. "Commentary: University-Industry Alliances." *Science, Technology, and Human Values* 21 (2): 65-74.

[131] Nelson, Stephen. 2007. *Leaders in the Labyrinth: College Presidents and the Battleground of Creeds and Convictions.* Westport, CT: Praeger.

[132] Nisbet, Robert. 1971. *The Degradation of the Academic Dogma: the University in America, 1945-1970.* New York: Basic Books.

[133] Nussbaum, Martha. 2011. "Not for Profit." *Oxford Today* 24 (1): 28-29.

[134] Ogburn, William F., and Meyer F. Nimkoff. 1955. *Technology and the Changing Family.* Boston: Houghton Mifflin.

[135] O'Neill, Robert M. 2000. "Academic Freedom in Retrospect and Prospect." In Peggie J. Hollingsworth (ed.), *Unfettered Expression: Freedom in American Intellectual Life*, 19-30. Ann Arbor, MI: The University of Michigan Press.

[136] Ostriker, Jeremiah P., and Charlott V. Kuh (eds.). 2003. Assisted by James A. Voytuk. *Assessing Research-Doctorate Programs: A Methodological Study.* Washington, DC: The National Academies Press.

[137] Padilla, Arthur. 2004. "Passing the Baton: Leadership Transition and the Tenure of Presidents." In James Martin, James El Samels & Associates, *Presidential Transition in Higher Education: Managing Leadership Change*, 37-58. Baltimore, MD: The Johns Hopkins University Press.

[138] Paradeise, Catherine, and Jean-Claude Thoenig. 2011.

"The Road to World Class University: Elites and Wannabes." Paper delivered at "Bringing Public Organizations Back In" conference, Organizational Studies Workshop, at Les Vaux de Cerney, May 25-27.

[139] Parsons, Talcott. 1973. "Epilogue: The University 'Bundle': A Study of the Balance between Differentiation and Integration." In Neil J. Smelser and Gabriel Almond (eds.), *Public Higher Education in California*, 275-99. Berkeley, CA: University of California Press.

[140] Pfeffer, Jeffrey, and G. {ths} R. Slancik. 1974. "Organization Decision Making as a Political Process: The Case of a University Budget." *Administrative Science Quarterly* 19: 135-51.

[141] Potter, David, and Arthur W. Chickering. 1991. "The 21st Century: The Role of Government." In Ronald R. Sims and Serbrenia J. Sims (eds.), *Managing Institutions of Higher Education into the 21st Century*, 10-30. New York: Greenwood Press.

[142] Power, Michael. 1997. *The Audit Society: Rituals of Verification*. Oxford: Oxford University Press.

[143] Readings, Bill. 1996. *The University in Ruins*. Cambridge, MA: Harvard University Press.

[144] Reisman, David. 1980. *On Higher Education: the Academic Enterprise in an Era of Rising Student Consumerism*. New Brunswick, NJ: Transaction Publishers.

[145] Rhoades, Gary. 1996. "Organizing the Faculty Workforce for Flexibility." *Journal of Higher Education* 66: 629-59.

[146] ——. 1998. *Managed Professionals: Unionized Faculty and Restructuring Academic Labor*. Albany, NY: State University of New York Press.

[147] Richardson, Richard C. Jr., and Alicia D. Hurley. 2005. "From Low Income and Minority Access to Middle Income Affordability: A Case Study of the U. S. Federal Role in Providing Access to Higher Education." In Ase Gornitzka, Maurice Kogan, and Alberto Amaral (eds.), *Reform and Change in Higher Education: Analysing Policy Implementation*. Dordrecht, The Netherlands: Springer.

[148] Rosenstone, Steven J. 2005. "Challenges Facing Higher Education in America: Lessons and Opportunities." In Frank Iacobucci and Corolyn Tuohy, *Taking Public Universities Seriously*, 55-86. Toton to: Toronto University Press.

[149] Rosenzweig, Robert M. 1998. *The Political University: Policy, Politics, and Presidential Leadership in the American Research University*. Baltimore, MD: The Johns Hopkins University Press.

[150] Rosovsky, Henry. 1990. *The University: An Owner's Manual*. New York: W. {ths} W. Norton.

[151] Rossi, Peter H., and Howard E. Freeman. 1992. *Evaluation: A Systematic Approach*. Newbury Park, CA: Sage Publications.

[152] Rourke, Francis, and Glenn Brooks. 1966. *The Managerial Revolution in Higher Education*. Baltimore, MD: The Johns Hopkins University Press.

[153] Ruben, Julie A. 1996. *The Making of the Modern University: Intellectual Transformation and the Marginalization of Morality*. Chicago, IL: University of Chicago Press.

[154] Sadovnik, Alan R. 1994. *Equity and Excellence in Higher Education: The Decline of a Liberal Educational Reform*. New

York: Peter Lang.

[155] Scarlett, Mel. 2004. *The Great Ripoff in American Education: Undergrads Underserved*. Amherst, NY: Prometheus Books.

[156] Schumpeter, Joseph A. 1934. *The Theory of Economic Development: An Inquiry into Profits, Capital, Credit, Interest, and the Business Cycle*. Cambridge, MA: Harvard University Press.

[157] Schuster, Jack H., and Martin J. Finkelstein. 2006. *The Restructuring of Academic Work and Careers*. Baltimore, MD: The Johns Hopkins University Press.

[158] Scott, Peter. 2001. "Universities as Organizations and Their Governance." In Werner Z. Hirsch and Luc E. Weber (eds.), *Governance in Higher Education: The University in a State of Flux*, 125-42. London: Economica.

[159] Seldin, Peter, and Associates. 2006. *Evaluating Faculty Performance: A Practical Guide to Assessing Teaching, Research, and Service*. Boston, MA: Anker Publishing Company.

[160] Shavit, Yossi, Richard Arum, and Adam Gamoran (eds.). 2007. With Gila Menahem. *Stratification in Higher Education: A Comparative Study*. Stanford: Stanford University Press.

[161] Shleifer, Andrei, and Robert W. Vishny. 2005. "Stock Market Driven Acquisitions." In John J. McConnell and David J. Denis (eds.), *Corporate Restructuring*, 81-97. Cheltenham, UK: Edward Elgar Publishing.

[162] Simon, Herbert A. 2001. "Rationality in Society." In Neil J. Smelser and Paul B. Baltes (eds.), *International Encyclopedia of the Social and Behavioral Sciences*, Vol. 19, 12782-86. Oxford: Elsevier.

[163] Slaughter, Sheila. 1991. "The 'Official' Ideology of Higher Education: Ironies and Inconsistencies." In William G. Tierney (ed.), *Culture and Ideology in Higher Education: Advancing a Critical Agenda*, 59-85. New York: Praeger.

[164] Slaughter, Sheila, and Larry L. Leslie. 1997. *Academic Capitalism: Politics, Policies and the Entrepreneurial University*. Baltimore, MD: The Johns Hopkins, University Press.

[165] Slaughter, Sheila, and Gary Rhoades. 2008. "The Academic Capitalist Knowledge/Learning Regime." In Adrienne S. Chan and Donald Fisher (eds.), *The Exchange University: The Corporatization of Academic Culture*, 19-48. Vancouver, BC: UBC Press.

[166] Smelser, Neil J. 1974. "Growth, Structural Change, and Conflict in California Public Higher Education, 1950." In Neil J. Smelser and Gabriel Almond (eds.), *Public Higher Education in California*, 9-141. Berkeley, CA: University of California Press.

[167] ——. 2001. "Foreword." In Clark Kerr, *Academic Triumphs*, Vol. 1, *The Gold and the Blue: A Personal Memoir of the University of California*, 1949-1967, xxix-xxvii. Berkeley, CA: University of California Press.

[168] ——. 2010. *Reflections on the University of California: From the Free Speech Movement to the Global University*. Berkeley, CA: University of California Press.

[169] Smelser, Neil J., and John S. Reed. 2012. *Usable Social Science*. Berkeley, CA: University of California Press.

[170] Stadtman, Verne A. 1980. *Academic Adaptations: Higher Education Prepares for the 1980s and 1990s*. San Francisco, CA: Jossey-Bass Publishers.

[171] Steedle, Jeffrey. 2010. "On the Foundations of Standardized Assessment of College Outcomes and Estimating Value Added." In Keven Crey and Mark Schneider (eds.) *Accounting in American Higher Education*, 7-31. New York: Palgrave-Macmillan.

[172] Stokes, Peter. 2011. "What Online Learning Can Teach Us about Higher Education." In Ben Wildawsky, Andre P. Kelley, and Kevin Kelly (eds.), *Reinventing Education: The Promise of Innovation*, 197-224. Cambridge, MA: Harvard University Press.

[173] Streeter, Thomas. 2004. "Romanticism in Business Culture: The Internet, the 1990s, and the Origins of Irrational Exuberance," in Andrew Calabrese and Colin Sparks (eds.), *Toward a Political Economy of Culture: Capitalism and Communication in the Twenty-First Century*, 286-306. Lanham, MD: Rowman and Littlefield Publishers.

[174] Swing, Randy L. 2009. "Higher Education Counts: Data for Decision Support." In Gary L. Olson and John W. Presley (eds.), *The Future of Higher Education: Perspectives from America's Academic Leaders*, 139-47. Boulder, CO: Paradigm Press.

[175] Sykes, Charles J. 1988. *Profscam: Professors and the Demise of Higher Education*. Washington, DC: Regnery Gateway, 1988.

[176] Task Force on Lower Division on Education. 1987. *Lower Division Education in the University of California*. A Report of the Task Force on Lower Division Education. University of California.

[177] Thelin, John R. 2004a. *A History of American Higher Education*. Baltimore, MD: The Johns Hopkins University Press.

[178] ——. 2004b. "Higher Education and the Public Trough," in Edward P. St. John and Michael D. Parsons (eds.), *Public Fun-*

ding of Higher Education: Changing Contexts and New Rationales, 28-38. Baltimore: The Johns Hopkins University Press.

[179] Toby, Jackson. 2010. *The Lowering of Higher Education in America: Why Financial Aid Should be Based on Student Performance*. Santa Barbara, CA: Praeger.

[180] Touraine, Alain [1974] 1997. *The Academic System in American Society* (with a new Introduction by Clark Kerr). New Brunwick, NJ: Transaction Publishers.

[181] Trani, Eugene P., and Robert D. Holsworth. 2010. *The Indispensable University: Higher Education, Economic Development, and the Knowledge Economy*. Lanham, MD: Roman and Littlefield Publishers.

[182] Trow, Martin. 1990. "The University Presidency: Comparative Reflections on Leadership." In Board of Trustees of the University of Illinois, *Values, Leadership and Quality: The Administration of Higher Education*, 95-119. Urbana, IL: University of Illinois Press.

[183] ——. 1997. "The Development of Information Technology in American Higher Education." *Daedalus* 126: 293-314.

[184] ——. 1998. "On the Accountability of Higher Education in the United States." In William G. Bowen and Harold T. Shapiro, *Universities and Their Leadership*, 15-61. Princeton: Princeton University Press.

[185] Tuchman, Gaye. 2009. *Wannabe U: Inside the Corporate University*. Chicago: University of Chicago Press.

[186] Tussman, Joseph T. 1997. *The Beleaguered College: Essays on Educational Reform*. Berkeley, CA: Institute of Govern-

mental Studies Press.

[187] U. S. News and World Report. 2011. *Ultimate College Guide*. Naperville. IL: Sourcebooks Inc.

[188] Veblen, Thorstein. [1918] 1968. *Higher Learning in America*. New York: Hill and Wong.

[189] Vest, Charles M. 2005. *The American Research University from World War II to the World Wide Web: Governments, the Private Sector, and the Rise of the Meta-University*. Berkeley, CA: University of California Press.

[190] Veysey, Laurence R. 1965. *The Emergence of the American University*. Chicago: University of Chicago Press.

[191] Vogel, Ezra F. 1979. *Japan as Number One: Lessons for America*. Cambridge, MA: Harvard University Press.

[192] Wadsworth, Deborah. 2005. "Ready or Not? Where the Public Stands on Higher Education Reform." In Richard H. Hersch and John Merrow (eds.), *Declining by Degrees: Higher Education at Risk*, 23-38. New York: Palgrave Macmillan.

[193] Walsh, Taylor. 2011. *Unlocking the Gates: How and Why Leading Universities Are Opening Up Access to Their Courses*. Princeton: Princeton University Press.

[194] Washburn, Jennifer. 2005. *University, Inc.: The Corporate Corruption of Higher Education*. New York: Basic Books.

[195] Weingartner, Rudlph H. 1996. *Fitting Form to Function: A Primer on the Organization of Academic Institutions*. Phoenix, AZ: The Onyx Press.

[196] White, Geoffrey D., and Flanner C. Hauck. 2000. *Campus, Inc.: Corporate Power in the Ivory Tower*. Amherst, NY: Prometheus

Books.

[197] Wildawksy, Ben. 2010. "How College Rankings Are Going Global (and Why Their Spread Will Be Good for Higher Education)" in Kevin Carey and Mark Schneider (eds.), *Accounting in American Higher Education*, 211-49. New York: Palgrave-Macmillan.

[198] Wilke, Arthur S. 1979. "Preface." In Arthur S. Wilke (ed.), *The Hidden Professoriate: Credentialism, Professionalism, and the Tenure Crisis*, xi-xv. Westport, CN: Greenwood Press.

[199] Wilson, John K. 2008. *Patriotic Correctness: Academic Freedom and its Enemies*. Boulder, CO: Paradigm Publishers.

[200] Worthen, Helena, and Joe Berry. 1999. *Conditional Faculty in Public Higher Education in Pennsylvania, Spring, 1999: Focus on the Community Colleges*. Harrisburg, PA: Keystone Research Center.

[201] Zdziarski, Eugene L. Ⅱ, Norbert W. Dunkel, J. Michael Rollo, and Associates. 2007. *Campus Crisis Management: A Comprehensive Guide to Prevention, Response, and Recovery*. San Francisco, CA: Jossey-Bass Publishers.

[202] Zemsky, Robert, Gregory R. Wegner, and William F. Massy. 2005. *Remaking the American University: Market-Smart and Mission-Centered*. New Brunswick, NJ: Rutgers University Press.

[203] Zima, Peter V. 2002. *Deconstruction and Critical Theory*. London: Continuum.

[204] Zumeta, William. 2004. "State Higher Education Financing: Demand Imperatives Meet Structural, Cyclical, and Political

Constraints." In Edward P. St. John and Michael D. Parsons (eds.), *Public Funding of Higher Education: Changing Contexts and New Rationales*, 79-107. Baltimore, MD: The Johns Hopkins University Press.

# 致谢

我要向克拉克·克尔系列讲座的主办方——加利福尼亚大学伯克利分校高等教育研究中心表示感谢,他们首先选择了我,令我倍感荣幸,而且他们为我的讲座准备工作提供了各种便利。该中心主任贾德·金(Jud King)在公开场合和私底下都给予了我支持和帮助,高级研究员约翰·道格拉斯(John Douglass)亦是如此。中心的工作人员龙迪·菲利普斯(Rondi Phillips)有条不紊地处理了所有的后勤工作,就在讲座前他还给我准备好了麦克风。加州大学河滨分校的社会学家兼本科教学副教务长史蒂文·布林特(Steven Brint)确保了我在该校第三次演讲的成功。我也要感谢我无可挑剔的长期研究助手齐扎·德尔加多(Ziza Delgado)搜索并阐释了所要讨论的高等教育发展趋势的实证材料。伯克利分校教育与心理学图书馆的工作人员一如既往欣然地为我检索文献提供便利。最后,我非常感谢如此之多的同事、朋友和其他感兴趣的人来听我的讲座,感谢他们对我所讲的内容表现出明显的兴趣,感谢他们在每次讲座后向我提出恰当而有见地的问题和看法,这使我受益良多。

# 译后记

历经两年多的艰辛，本书终于付梓了！

本书是在我的两位硕士研究生刘琏玮和杨梦青的协作下翻译完成的。接受翻译这本书的初衷是带领她们从事翻译具体实践，同时也是有感于近年来多次听到其他专业的学者抱怨许多专业译著晦涩难懂、不知所云，甚至有人说许多社会科学经典名著被翻译"毁掉"了。

当我们真正开始翻译时，才发现翻译英文学术专著之不易。本书原著作者尼尔·J. 斯梅尔瑟是社会学出身，喜欢从社会学理论、视角和方法观察分析高等教育现象，论述高度概括、抽象难懂。原文学术性强，内容广博，涉及高等教育、社会学、经济学、哲学、历史学、政治学和心理学等多个领域。原文语言具有学术语言的特征：专业术语多，句子长而复杂，逻辑性强，表达的信息内容复杂，涉及的概念专业、抽象、理论性强。翻译中我们广泛查阅资料、咨询专业学者，几易其稿，尽最大努力让译文准确、通顺，既体现原文的学术性，又使译文具有可读性。例如：英文书名 *Dynamics of the Contemporary University: Growth, Accretion, and Conflict* 中的"accretion"一词的翻译就颇费周折。关于这个词，作者定义为"随着时间的推移，大学吸纳了新的功能，但没有剥离（删除）现有功能或是将其拆分为单独的组织"，并特地做了一个注释，解释了选择这个词的由来（见 P15 注释①）。这个词在书中根据不同情况，意义有所不同，有时指现象，有时指过程，有时指结果或具体事物。词典中的"accretion"不外乎"堆积、积聚、累积"等翻译，最终我们选择了"增累"这个词，既表达其"增加、累积"的意思，又体现了作者用词的准确和独特。又比如"intellectual pork"，我们根据"pork"的语义和上文"例如一些政府领导人和政客努力确保其所在地区和州的院校得到专项研究资助"，将其翻译为"智力分肥"。因此，对于学术专著的翻译，理解原文是基础，首先要"吃透"原文，其次要理清句内和上下文的逻辑关系，最后用通顺、符合汉语习惯的语言来表达，有时还要做些注释（为了方便读者理解，我们就背景知识和语言问题增添了28个译者注）。

另外一个感受是，翻译学术专著要对该专业比较熟悉。对于学术专著应由本专业学者还是语言专业学者翻译，一直众说纷纭。其实，两者各有所长，各有利弊。一般来说，本专业学者更熟悉本专业知识，但可能因外文功底不够而造成理解表达不到位；语言专业学者外文功底更强，但可能因专业知识不熟悉而造成理解表达出现偏差。幸运的是，我在高校从事多年英语教学及研究，同时有在英国和美国大学访学的经历，比较熟悉大学的环境和生态，对于书中描述的部分大学现象亲身经历或目睹过，感同身受，因此，翻译时往往会站在作者的视角去体会作者的真实意思、情感和态度。

本书原文由美国著名社会学家和高等教育研究者尼尔·J. 斯梅尔瑟所著，主要研究美国当代大学的动态演变过程及现象，是一部有关当代高等教育研究的力作，既适合高等教育研究者，也适合高等教育管理者和普通大学教师参阅；读者既可以从中了解美国大学发展的历史和动因，也可以由此借鉴反思我国大学在发展中存在的问题，对深入推进"双一流"建设具有一定的参考价值。需要说明的是，本书针对的是美国的社会背景，谈论的主要是美国大学的情况，仅代表原文作者本人的观点，希望读者在阅读本书时能带着批判的眼光加以分辨。

  在整个译著选题、编辑和出版过程中，我们得到了华中科技大学出版社和外国语学院的大力支持。感谢出版社编辑耐心细致的修改、编辑，没有他们的辛勤付出，本书难以完成。感谢两位研究生的协作和付出，她们通过参与本书的翻译不但提高了翻译水平，而且养成了严谨认真的工作作风和团队协作的意识。

  虽费了极大的劳力，但仍不免有疏漏之处。本书的疏漏之处完全由译者负责，欢迎各位读者批评指正。

**胡志清**
**2022 年 6 月于喻家山**